乡村幼儿园教师培训系列教材　　总主编　唐　敏　周念丽

乡村幼儿园
教育活动设计与指导

主　编　钱丽阳　张　月
副主编　向建荣　番　婷
编　委　李东梅　冯会琼　廖芳芳　李鲲华

西南大学出版社
国家一级出版社　全国百佳图书出版单位

图书在版编目(CIP)数据

乡村幼儿园教育活动设计与指导/钱丽阳,张月主编.—重庆:西南大学出版社,2022.8
ISBN 978-7-5697-1351-0

Ⅰ.①乡… Ⅱ.①钱…②张… Ⅲ.①幼儿园—教学活动—教学设计 Ⅳ.①G612

中国版本图书馆CIP数据核字(2022)第103301号

乡村幼儿园教育活动设计与指导
XIANGCUN YOU'ERYUAN JIAOYU HUODONG SHEJI YU ZHIDAO

钱丽阳　张　月/主编

策　　划：	杨　毅　杨景罡
执行策划：	熊家艳
责任编辑：	刘欣鑫
责任校对：	杜珍辉
封面设计：	散点设计
版式设计：	闰江文化
排　　版：	瞿　勤
出版发行：	西南大学出版社
	地址：重庆市北碚区天生路2号
	邮编：400715
印　　刷：	重庆华林天美印务有限公司
幅面尺寸：	185 mm×260 mm
印　　张：	13.5
字　　数：	247千字
版　　次：	2022年8月　第1版
印　　次：	2022年8月　第1次印刷
书　　号：	ISBN 978-7-5697-1351-0
定　　价：	29.80元

丛书编委会

总主编 | 唐　敏　昆明学院
　　　　　 | 周念丽　华东师范大学

编　委 | 张管琼　昆明市教工第一幼儿园
　　　　　 | 和晓春　中国人民解放军32554部队机关幼儿园
　　　　　 | 葛露霞　昆明市西山区第六幼儿园
　　　　　 | 刘忠书　漾濞彝族自治县教育体育局
　　　　　 | 杨宏芬　巍山彝族回族自治县教育体育局
　　　　　 | 钱丽华　香格里拉市三坝乡白水台小学
　　　　　 | 兰　承　香格里拉市三坝乡中心幼儿园

编写说明
BIANXIE SHUOMING

自20世纪80年代以来,大力发展学前教育已经成为世界未来教育的目标之一。学前教育作为终身学习的开端,不仅是国民教育体系的重要组成部分,更是重要的社会公益事业。尤其是办好乡村学前教育,对于建设社会主义新农村、构建和谐社会和实现教育公平有着极其重要的意义。

中国0~14岁人口约为2.53亿(截至2020年11月1日),近年来,我国政府坚持"儿童优先"原则,推动儿童事业发展取得了显著成就。尤其是连续出台的三个发展学前教育的三年行动计划,已经极大地提高了三年学前教育的普及程度。截至2021年,我国学前儿童三年毛入园率已经超过了85%,尤其是在发展农村学前教育,帮助乡村孩子全面发展,阻断贫困代际传递方面取得了很好的成效。

但是对于集边疆、民族、山区、贫困为一体的云南乡村地区来说,学前教育资源总量不足,发展不平衡问题一直是制约学前教育改革发展的突出问题。云南省在三个发展学前教育的行动计划中,大力推行"一村一幼"计划,利用闲置校舍改扩建、投资新建了许多乡村幼儿园,加上一些非政府组织也在云南省建了许多乡村幼儿园(班),让大多数乡村的孩子们也能享受到学前教育。这些乡村幼儿园有些附设在乡村小学里，由乡镇中心学校管理，有些就设在行政村，甚至自然村。由于目前许多年轻人都到外地打工，留在村里的几乎都是老人和留守儿童，所以许多乡村幼儿园规模很小，甚至一所幼儿园就只有一个班，以混龄班形式存在。由于资源有限，许多乡村幼儿园缺乏专业师资，只能招聘一些临聘人员任教，他们绝大多数没有学前教育专业背景，学历和文化层次较低，而且有些年龄偏大，学习能力较弱，大多没有经过培训就匆忙上岗，对幼儿园教育活动和游戏活动、一日生活和卫生保健、政策法规和职业道德规范等几乎一无所知。所以在幼儿园的管理和保教工作中存在突出的小学化、成人化倾向，保教质量也堪忧。但令人欣慰的是，这些乡村教师非常热爱自己的工作，热爱孩子，尽管条件艰苦，收入不高，仍然坚守岗位，兢兢业业地工作，他们非常渴望得到专业的培训和指导，也希望提高自身的专业素质和能力。

为了提升乡村幼儿园教师专业能力，从而促进学前教育发展，依托世界银行云南学前教育发展实验示范项目昆明学院子项目，昆明学院学前与特殊教育学院设计了一系列针对乡村学前教育发展的活动，包括前期调研，摸清当前云南乡村地区学前教育发展现状，组织专业教师及大学生志愿者团队送培下乡，提升乡村幼儿园教育质量；编写乡村幼儿园教师培训教材及配套资源，开发乡村幼儿园膳食管理软件、幼儿身心发展观察评估工具等。

为保障乡村幼儿园的基本保教质量，亟需通过多种形式对教师进行培训，或者引导他们通过自主学习，逐渐提高自身的专业素质。我们的乡村幼儿园教师培训教材应运而生，华东师范大学周念丽教授和昆明学院学前与特殊教育学院院长唐敏教授为总主编，由昆明学院等高校学前教育专业教师和来自幼儿园一线的园长和骨干教师组成编写队伍。团队七次下乡，深入到五个县十二个乡镇四十三所乡村幼儿园实地走访和指导，周念丽教授也从上海来到云南，亲自带领团队深入偏远山村，摸清乡村幼儿园的现状和需求，力求做到帮助乡村幼儿园教师解决实际问题，体现乡村幼儿园教育特色，编写出了六本适合乡村幼儿教师开展日常保教工作最亟需、最实用的教材，包括《乡村幼儿园卫生保健》《乡村幼儿园环境创设》《乡村幼儿园班级管理》《乡村幼儿园游戏活动指导》《乡村幼儿园教育活动设计与指导》和《学前教育政策法规与乡村幼儿教师职业道德规范》。该系列教材编写时力求体现以下特点：

1. 时代性：教材内容反映时代特点，既体现《幼儿园教育指导纲要（试行）》《3—6岁儿童学习与发展指南》的精神，又把当前学前教育改革发展的新理念和新方法融入教材内容中，体现时代性。

2. 专业性：教材内容既关注幼儿生存与发展权益保护的相关法律法规及政策，又针对幼儿身心发展规律和学习特点，帮助乡村幼儿教师理解幼儿园保教工作中所需的各领域基本知识，掌握幼儿园的保育和教育、环境创设、班级管理、家园共育、卫生保健工作等的基本方法和策略。

3. 实操性：针对乡村幼儿教师文化素质不高、学习能力不强的特点，教材编写的内容和编写形式强调理论与实践相结合，弱化理论，突出实操，通俗易懂、生动形象，提供相应的图片和案例，易于乡村幼儿园教师理解和掌握。

4. 数字化：本系列教材还提供了大量的案例和学习资料，包括活动视频、PPT、学习资料、班级管理常用表格、儿童身心发展测评工具、家长讲座的提纲等，形成了丰富的资料库，以数字化的形式在线上平台展示，每本教材都有二维码，使用时用手机扫码即可观看，方便偏远山区教师随时随地学习和使用。随着学前教育的改革发展，根据需要这一数字资源还可不断更新、丰富和完善。

这六本乡村幼儿园教师培训教材的出版，首先得益于云南省教育厅申请到的世界银行云南学前教育发展实验示范项目，在项目的支持下完成全部的工作。另外教育厅分管学前教育的基教二处在本书编写团队面向全省的调研中给予了大力的支持和帮助，教育厅民族教育处还提供了经费支持。在深入云南省的多个乡村调研和培训时，有许许多多令人感动和难忘的人和事。香格里拉市三坝乡白水台小学钱丽华校长和香格里拉市三坝乡中心幼儿园兰承园长带着我们跑遍了全乡所有乡村幼儿园，至今都还记得哈巴雪山脚下那些壮丽的风景和崎岖的山路，以及那些坚守岗位的老师们。在大理漾濞，教研员刘忠书老师陪同我们翻山越岭到最偏远的山村，山里有些幼儿园都是村民免费拿出自己的房子开办的，刘忠书老师想尽一切办法为这些幼儿园添置设施设备改善条件。在大理巍山，教研员杨宏芬老师听说我们送培下乡，把全县所有幼儿园六百多名教师都召集起来听我们的讲座，觉得这是非常难得的机会。

昆明市教工一幼张管琼园长、32554部队机关幼儿园和晓春园长、昆明学院附属幼儿园高春玲园长带领教师团队深入多个乡村幼儿园培训教师、入园指导。还有参与这六本教材编写的所有园长和教师们,心里装着满满的爱心和情怀,都尽心尽力不计报酬。我们所有人所做的这一切只是想尽一个幼教人的情分和责任,为那些地处偏远的乡村幼儿园能够高质量地发展提供一些支持和帮助,让在同一片蓝天下的乡村孩子们也能享受优质的学前教育,为自己的人生奠定良好的基础。

也希望这套乡村幼儿园教师培训教材能够为全国其他省市同类型的乡村幼儿园的教师提供借鉴和帮助。

编写组

2022年5月16日

总序

近年来,国家对农村学前教育的关注达到了前所未有的高度。

2018年,《教师教育振兴行动计划(2018—2022年)》指出:"改善教师资源供给,促进教育公平发展。加强中西部地区和乡村学校教师培养,重点为边远、贫困、民族地区教育精准扶贫提供师资保障",作为教师教育振兴行动计划的目标任务。主要措施"加强县区乡村教师专业发展支持服务体系建设,强化县级教师发展机构在培训乡村教师方面的作用""赋予乡村教师更多选择权,提升乡村教师培训实效。推进乡村教师到城镇学校跟岗学习,鼓励引导师范生到乡村学校进行教育实践。'国培计划'集中支持中西部乡村教师校长培训"。在国家政策的引领和推动下,农村学前教育在"量"的普及和"质"的提升方面都实现了飞跃发展,具体体现在幼儿的入园率显著提升、幼儿园普及程度明显提高等方面。

但由于偏远地区的乡村地区大都曾经是贫困地区,交通通达度低,由此造成师资力量薄弱和相关课程匮乏,所以这些地区的乡村幼儿园的保教质量相对较差。为此,亟需能提升师资力量、夯实乡村幼儿园保教基础的优质指导用书。

从云南省等少数民族地区的乡村幼儿园教师的现状来看,出版两类指导用书迫在眉睫。

第一类是"知"的层面,即对政策法规、理念和师德等基本概念之获得的指导用书。乡村幼儿园教师，有的从小学转岗而来，有的是非教育背景凭着一腔热血而来，还有的是当地村民经过简单培训后担任。这些情况表达了一个诉求：为其提供学前教育的相关政策法规知识、传授科学适宜的教育理念以及作为一名教师所必备的师德之概念已是时不我待。

第二类是"行"之层面，即为乡村幼儿园教师提供管理和教学实践有关的指导用书。以"一村一幼"为主要特点的乡村幼儿园，有的只有几个或十几个幼儿，教师也只有一两名，但"麻雀虽小，五脏俱全"，教学管理和以游戏为基本活动的教育活动设计与实施、家园互动等缺一不可。因此，与幼儿园管理和教学有关的实践指导用书应该是乡村幼儿教师们翘首以待的。

昆明学院学前与特殊教育学院的院长唐敏教授带领由高校教师和一线优秀园长们组成的编写团队，编写了能使乡村幼儿园教师"知行合一"的指导用书。他们的双肩担负起振兴乡村幼儿园之重担，不为金钱和名誉，不厌不倦，但求心之所安、促师有成。

在这套指导用书中，从"知"的层面出发，是以《学前教育政策法规与乡村幼儿教师职业道德规范》为开篇之作。该书分上下两篇，上篇将儿童权利与保护、学前教育相关政策法规的框架结构都进行了阐述，与此同时，对这些政策法规的变迁也做了回溯整理，还辅以相关的案例分析，使乡村幼儿教师在理解这些政策法规时有抓手，易记住。下篇则聚焦乡村幼儿教师的职业道德规范，进行了文本的解读和实践路径的指引。从"行"的层面出发，该套丛书既有从管理入手的《乡村幼儿园班级管理》，又有着眼于实践操作的《乡村幼儿园卫生保健》《乡村幼儿园游戏活动指导》《乡村幼儿园教育活动设计与指导》以及《乡村幼儿园环境创设》四本书。这五本书都是以教育部2012年颁布的《3—6岁儿童学习与发展指南》精神为依据、基于陈鹤琴先生的"活教育"等理论，站在幼儿立场，以全新的教育理念作为统领，注重可读性和可操作性。在这五本书中，均以"学习目标"唤起读者对学习重点的注意；用"思维导图"来梳理章节的脉络；通过翔实生动的"小案例"来引起读者的"大思考"，行文生动，便于乡村幼儿教师理解和掌握。阅之，深感这套丛书值得期待！

感动于唐敏院长及其团队为促进乡村幼儿园的保教质量发展、提升乡村幼儿教师的管理和教学的"知"与"行"水平而行远自迩，笃行不怠，编成这套乡村幼儿教师指导用书，是以欣以为序，也深表敬佩之情。

周念丽　华东师范大学

2021年12月3日写于厦门

前言
QIANYAN

幼儿园教育活动设计是教师为了支持幼儿有效学习而预先对教育资源和学习过程所进行的系统地规划和安排。幼儿园教育活动的不同特点决定了幼儿园教育活动设计样式的不同,幼儿园常见的教育活动设计样式有领域教育活动设计、主题教育活动设计和区域教育活动设计等,根据乡村幼儿园教育的特点和需要,本教材着重介绍幼儿园领域教育活动的设计。

《幼儿园教育指导纲要(试行)》将幼儿园教育划分为健康、语言、社会、科学和艺术五大领域。各领域教育内容既相对独立又相互联系,共同构成幼儿园教育的整体课程系统。本教材编写在遵循《幼儿园教育指导纲要(试行)》与《3—6岁儿童学习与发展指南》的领域划分与目标定位的同时,为适应乡村幼儿园教育特点和需要,在五大领域基础上进一步将科学领域分成科学与数学两部分,艺术领域分成音乐与美术两部分,对每一个领域的教育活动设计与组织指导进行系统而深入浅出的阐述。力求让乡村教师们能够在较短的时间内掌握幼儿园各领域教育的核心教育内容以及设计与组织指导的基本要求。

第一章内容着重介绍《3—6岁儿童学习与发展指南》的主要内容及其核心观念,帮助幼儿教师了解幼儿园教育活动设计的基本框架,明确教师教育活动中的角色意识。第二章则分别从五大领域的角度研究了乡村幼儿发展的特点，揭示了乡村幼儿园教育存在的问题，为接下来的教育设计和指导指明了方向。第三章到第九章，分别针对幼儿园教育的健康、语言、社会、科学、数学、音乐、美术七个领域的教育活动设计与组织指导展开阐述。首先，明确定位了每一个领域教育应传递给幼儿的关键学习经验，这也是让教师们清楚地知道每个领域应该"教什么"。其次，在针对各领域的特点提出共性的教育策略与活动设计要求的基础上，以案例分析的形式，分别针对各领域所包含的不同教育活动类型展开从设计到组织指导的具体分析，切实解决"怎样教"的问题。最后，为每一类活动提供了多种拓展可能性的建议，以帮助乡村教师们在模仿学习的基础上，实现教育经验的迁移与创造。

本教材由昆明学院学前与特殊教育学院钱丽阳老师与昆明市盘龙区东华幼儿园园长张月老师担任主编，负责编写讨论、制定整体框架及统稿、定稿等事宜，同时参与部分章节的编写。由昆明理工大学附属呈贡幼儿园执行园长向建荣老师和云南省机关事物管理局圆通幼儿园副园长番婷老师担任副主编，负责协调分工，参与制定教材编写框架及部分章节的编写。参与编写的老师还有：昆明市第十幼儿园副园长李东梅老师，楚雄市子午镇中心幼儿园园长冯会琼老师，昆明市教学名师、昆明市盘龙区东华幼儿园廖芳芳老师、昆明市新迎第二幼儿园市级学科带头人李鲲华老师。具体分工如下：前言（钱丽阳）、第一章（钱丽阳）、第二章第一节（向建荣）、第三章（向建荣）、第二章第二节（李东梅）、第四章（李东梅）、第二章第三节（张月）、第五章（张月）、第二章第四节（番婷）、第六章（番婷）、第二章第五节（冯会琼）、第七章（冯会琼）、第二章第六节（廖芳芳）、第八章（廖芳芳）、第二章第七节（李鲲华）、第九章（李鲲华）。

本教材在编写过程中得到了华东师范大学周念丽教授和西南大学李珊泽教授的悉心指导。两位教授从编写的指导思想、教材框架和具体内容层面都非常用心地给予了宝贵的建议和指导。在此特别表示衷心感谢！此外，编写过程中参阅了大量同行的文献，收集和改编了部分幼儿园一线教师提供的教学案例，在此一并表示感谢！

编者
2021年10月7日

目录

第一章 幼儿园领域教育活动概述 / 001

第一节 /《3—6岁儿童学习与发展指南》概要 / 002

第二节 / 幼儿园五大领域教育活动概述 / 008

第二章 乡村幼儿园教育活动开展现状 / 013

第一节 / 乡村幼儿园健康领域教育现状 / 014

第二节 / 乡村幼儿园语言领域教育现状 / 018

第三节 / 乡村幼儿园社会领域教育现状 / 022

第四节 / 乡村幼儿园科学领域（科学）教育现状 / 026

第五节 / 乡村幼儿园科学领域（数学）教育现状 / 029

第六节 / 乡村幼儿园艺术领域（音乐）教育现状 / 036

第七节 / 乡村幼儿园艺术领域（美术）教育现状 / 040

第三章　乡村幼儿园健康领域教育活动组织与指导　/ 045

第一节/乡村幼儿健康发展关键经验与教育策略　/ 046
第二节/乡村幼儿园健康领域教育活动设计与组织　/ 052

第四章　乡村幼儿园语言领域教育活动组织与指导　/ 071

第一节/乡村幼儿语言发展关键经验与教育策略　/ 072
第二节/乡村幼儿园语言领域教育活动的设计与组织　/ 079

第五章　乡村幼儿园社会领域教育活动的组织与指导　/ 095

第一节/乡村幼儿社会性发展关键经验与教育策略　/ 096
第二节/乡村幼儿园社会领域教育活动设计与组织　/ 100

第六章　乡村幼儿园科学领域（科学）教育活动组织与指导　/ 115

第一节/乡村幼儿科学素养关键经验与教育策略　/ 116
第二节/乡村幼儿园科学教育活动设计与组织　/ 121

第七章　乡村幼儿园科学领域（数学）教育活动组织与指导　/ 133

第一节/乡村幼儿数学能力发展关键经验与教育策略　/ 134
第二节/乡村幼儿园数学教育活动的设计与组织　/ 140

第八章 乡村幼儿园艺术领域(音乐)教育活动组织与指导 / 153

第一节/乡村幼儿音乐素养发展关键经验与教育策略　　/ 154
第二节/乡村幼儿园音乐教育活动的设计与组织　　/ 157

第九章 乡村幼儿园艺术领域(美术)教育活动组织与指导 / 169

第一节/乡村幼儿美术素养发展关键经验与教育策略　　/ 170
第二节/乡村幼儿园美术教育活动的设计与组织　　/ 175

参考文献　　/ 193

第一章
幼儿园领域教育活动概述

学习目标

◎《3—6岁儿童学习与发展指南》的主要内容及其核心理念。
◎幼儿园教育活动设计的基本框架及构成要素。
◎幼儿园教育活动实施中教师的多元角色。

思维导图

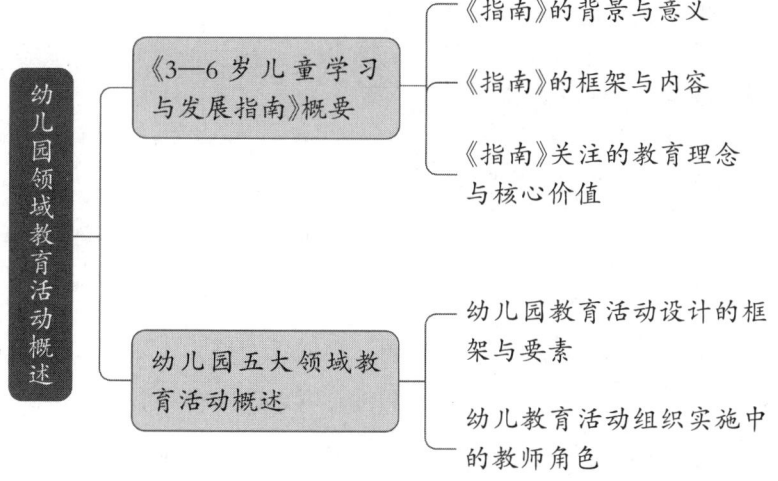

幼儿园教育活动是教师以多种形式有目的、有计划地引导幼儿生动、活泼、主动活动的教育过程。《幼儿园教育指导纲要（试行）》将幼儿园教育的内容划分为健康、语言、社会、科学、艺术五个领域。《3—6岁儿童学习与发展指南》（下也简称《指南》）进一步明确规定了幼儿园五大领域教育在幼儿发展的各个年龄阶段应达到的发展水平。幼儿园教师不仅要掌握《指南》为五大领域教育制订的具体教育目标内容和相应的教育建议，更要认真领会其中传递出的教育理念和核心价值。这样，才能在设计和指导五大领域教育活动时做到准确定位教育目标，合理选择教育内容和方法，灵活驾驭多重角色身份，帮助幼儿获得五大领域的核心经验。

第一节 《3—6岁儿童学习与发展指南》概要

一、《指南》的背景与意义

2010年颁布的《国家中长期教育改革和发展规划纲要（2010—2020年）》明确提出，"到2020年，普及学前一年教育，基本普及学前两年教育，有条件的地区普及学前三年教育。重视0至3岁婴幼儿教育"。同时，"发展农村学前教育。努力提高农村学前教育普及程度。着力保证留守儿童入园。采取多种形式扩大农村学前教育资源，改扩建、新建幼儿园，充分利用中小学布局调整富余的校舍和教师举办幼儿园（班）。发挥乡镇中心幼儿园对村幼儿园的示范指导作用。支持贫困地区发展学前教育"。这一规划纲要明确定位了到2020年基本普及学前教育的发展目标。

2010年11月21日，国务院以国发〔2010〕41号印发《关于当前发展学前教育的若干意见》。提出了"一、把发展学前教育摆在更加重要的位置。二、多种形式扩大学前教育资源。三、多种途径加强幼儿教师队伍建设。四、多种渠道加大学前教育投入。

五、加强幼儿园准入管理。六、强化幼儿园安全监管。七、规范幼儿园收费管理。八、坚持科学保教,促进幼儿身心健康发展。九、完善工作机制,加强组织领导。十、统筹规划,实施学前教育三年行动计划"。十项意见,着力解决"入园难"问题,满足适龄儿童入园需求,促进学前教育事业科学发展。

为深入贯彻《国家中长期教育改革和发展规划纲要(2010—2020年)》和国务院《关于当前发展学前教育的若干意见》(国发〔2010〕41号),指导幼儿园和家庭实施科学的保育和教育,促进幼儿身心全面和谐发展,教育部制定了《3—6岁儿童学习与发展指南》(下也简称《指南》)。《指南》的制定对于有效转变公众的教育观念,提高广大幼儿教师的专业素质和家长的科学育儿能力,防止和克服"小学化"倾向,全面提高学前教育质量具有重要意义。

第一,贯彻落实《指南》是加强科学保教,推进学前教育管理科学化、规范化的重要举措。改革开放以来,我国学前教育事业取得了长足发展,适龄幼儿的入园机会不断扩大,幼儿园的保教质量逐步提高。教育部先后下发了《幼儿园工作规程》、《幼儿园教育指导纲要(试行)》(下也简称《纲要》)等一系列重要规章制度,对有效转变广大幼儿园教师的教育观念,规范和指导幼儿园保育教育工作发挥了重要作用。面对新世纪第二个十年教育改革与发展的历史重任,中共中央、国务院颁布教育规划纲要,明确提出要把提高质量作为今后教育改革发展的核心任务,建立以提高教育质量为导向的管理制度和工作机制,这是指导今后各级各类教育管理和制度建设的总体方向和要求。《指南》正是在这样的新形势下应运而生,为教师和家长了解幼儿的身心发展水平和特点提供了更加具体、可操作的依据和指导。《指南》的下发,标志着我国学前教育管理制度的进一步健全与完善,必将促进我国学前教育管理的科学化和规范化,对于推动学前教育科学发展具有重要的历史意义。

第二,贯彻落实《指南》是提高幼儿园教师专业素质和实践能力,全面提高学前教育质量的一项紧迫任务。《指南》全面、系统地明确了3—6岁每个年龄段幼儿在各学习与发展领域的合理发展期望和目标,也对实现这些目标的具体方法和途径提出了具体、可操作的建议。正确领会和理解《指南》的理念和要求,熟知3—6岁幼儿的身心发展特点和行为表现,是每一个学前教育工作者最基本的专业知识和实践能力要求。《指南》出台对全面提高广大幼儿园教师的专业素质和教育实践能力具有重要的指导意义。

第三,贯彻落实《指南》是普及科学育儿知识,防止和克服"小学化"倾向的有效手段。近些年,广大家长对学前教育重视程度不断提高,但普遍缺乏正确的教育观念和科学的引导,加上应试教育的影响和各种商业性宣传的误导,社会上信息不对称的问题越来越突出,很多家长牺牲了孩子快乐的童年生活,盲目追求"提前学习""超前教育",不仅让幼儿"伤"在了起跑线上,也严重干扰了幼儿园的办园方向和正常的教育教学秩序。《指南》的出台,为广大家长科学育儿提供了权威性的参考和指导,对切实转变广大家长的教育观念,提高科学育儿能力,创设有利于幼儿健康成长的良好社会环境具有重要的现实意义。[1]

二、《指南》的框架与内容

《指南》从5个领域描述幼儿学习与发展,分别是:健康、语言、社会、科学、艺术。每个领域按照幼儿学习与发展最基本、最重要的内容划分为若干方面。每个方面分为两个部分:一是学习与发展目标,分别对3—4岁、4—5岁、5—6岁三个年龄段末期幼儿应该知道什么、能做什么、大致可以达到什么发展水平提出了合理期望;二是教育建议,根据幼儿的学习与发展目标,针对当前学前教育普遍存在的困惑和误区,列举了一些能够有效帮助和促进幼儿学习与发展的教育途径与方法,同时也指出了错误做法对幼儿终身发展的危害,为广大家长和幼儿园教师提供具体可行、可操作性的指导。《指南》为五大领域共提出了32个学习与发展目标,87条教育建议。

(一)健康领域

健康领域从身心状况、动作发展、生活习惯与生活能力三个方面,提出了9个目标:①具有健康的体态。②情绪安定愉快。③具有一定的适应能力。④具有一定的平衡能力,动作协调、灵敏。⑤具有一定的力量和耐力。⑥手的动作灵活协调。⑦具有良好的生活与卫生习惯。⑧具有基本的生活自理能力。⑨具备基本的安全知识和自我保护能力。强调健康领域的重点在于培养幼儿具有发育良好的身体、愉快的情绪、强健的体质、协调的动作、良好的生活习惯和基本生活能力。这也是幼儿身心健康的重要标志。

在教育建议方面,强调要为幼儿提供合理均衡的营养,保证幼儿充足的睡眠和适宜的锻炼,满足幼儿生长发育的需要;创设温馨的人际环境,让幼儿充分感受到情亲

---

[1] 李季湄,冯晓霞.《3—6岁儿童学习发展指南》解读[M].北京:人民教育出版社,2013.

和关爱,形成积极稳定的情绪情感;结合一日生活的内容和形式帮助幼儿形成良好的生活与卫生习惯,提高自我保护能力,形成使其终身受益的生活能力和文明生活方式。反对对幼儿的过度保护和包办代替,以免剥夺幼儿自主学习的机会,养成过度依赖的不良习惯,影响其主动性、独立性的发展。

(二)语言领域

语言领域从倾听与表达、阅读与书写准备两个方面,提出6个目标:①认真听并能听懂日常用语。②愿意讲话,并能清楚地表达。③具有文明的语言习惯。④喜欢听故事,看图书。⑤具有初步的阅读理解能力。⑥具有书面表达的愿望和初步技能。强调语言领域重点在于培养幼儿的口语交流能力,培养幼儿的阅读兴趣、良好的阅读习惯以及初步的阅读理解能力。

在教育建议方面,强调要为幼儿创设自由、宽松的语言交往环境,积极为幼儿提供与同伴和成人交流的机会,让幼儿想说、敢说、喜欢说并能得到积极的回应。提供丰富、适宜的低幼读物,经常与幼儿一起看书、讲故事,引导幼儿学会倾听和表达。强调要在生活情境和阅读活动中萌发幼儿对文字的兴趣,反对通过机械记忆和强化训练过早识字。

(三)社会领域

社会领域从人际交往和社会适应两个方面,提出7个目标:①愿意与人交往。②能与同伴友好相处。③具有自尊、自信、自主的表现。④关心尊重他人。⑤喜欢并适应群体生活。⑥遵守基本的行为规范。⑦具有初步的归属感。强调社会领域的重点在于培养幼儿的交往愿望与交往能力,帮助幼儿学习表现自尊、自信和自主,学会关心和尊重他人,逐步适应群体生活,遵守基本的行为规范。

在教育建议方面,强调家庭、幼儿园和社会应共同努力为幼儿创设温暖、关爱和平等的家庭和集体生活氛围,建立良好的亲子关系、同伴关系和师生关系。让幼儿在良好的人际关系和社会环境的熏陶中学会遵守规则,发展自信和自尊,形成基本的社会认同感和归属感。强调幼儿的社会性是在日常生活和游戏中通过观察和模仿潜移默化地发展起来的,成人的榜样作用至关重要。反对脱离真实生活情境的简单生硬说教。

(四)科学领域

科学领域从科学探究和数学认知两个方面,提出6个目标:①亲近自然,喜欢探究。②具有初步的探究能力。③在探究中认识周围事物和现象。④初步感知生活中数学的有用和有趣。⑤感知和理解数、量及数量关系。⑥感知形状与空间关系。强调幼儿的科学学习应注重激发幼儿的探究兴趣,体验探究过程,培养初步的探究能力;幼儿的数学学习应注重在生活和游戏中感知数学的有用和有趣,初步理解数量关系、形状与空间关系,培养初步的逻辑思维能力。

在教育建议方面,强调成人要善于发现和保护幼儿的好奇心、求知欲,注重探究过程,引导幼儿通过观察、比较、操作、实验等方法,学习发现问题、分析问题和解决问题。注重幼儿通过直接感知、亲身体验和实际操作进行科学学习,反对提前学习小学教育的内容,反对用灌输和强化训练的方式追求知识和技能的掌握。

(五)艺术领域

艺术领域从感受与欣赏、表现与创造两个方面提出4个目标:①喜欢自然界与生活中美的事物。②喜欢欣赏多种多样的艺术形式和作品。③喜欢进行艺术活动并大胆表现。④具有初步的艺术表现与创造力。强调艺术领域的重点在于充分创造条件和机会,在大自然和社会文化生活中萌发幼儿对美的感受和体验,丰富其想象力和创造力,引导幼儿学会用心灵去感受和发现美,用自己的方式去表现和创造美。

在教育建议方面,强调要在日常生活中利用自然环境、人文景观中美的事物引导幼儿发现、感受和欣赏美;创造条件让幼儿接触多种艺术形式和作品,充分理解和尊重幼儿的艺术想象和表达方式;鼓励、支持幼儿以自己的方式大胆尝试艺术表现和创造。反对在艺术教育过程中用成人的审美标准去评判幼儿,更不能为追求结果的"完美"而对幼儿进行千篇一律的训练,以免扼杀幼儿想象与创造的萌芽。

三、《指南》关注的教育理念与核心价值

(一)关注幼儿学习与发展的整体性

儿童的发展是一个整体,要重视领域之间、目标之间的相互渗透和整合,促进幼儿身心全面协调发展,而不应片面追求某一方面或几方面的发展。

(二)珍惜童年生活的独特价值

要充分认识和珍视游戏和生活对幼儿成长的独特价值,把握蕴含其中的教育契机,创设丰富的教育环境,合理安排一日生活,让幼儿在与环境、同伴和成人的交往中感知体验、分享合作、享受快乐。

(三)尊重幼儿发展的个体差异

幼儿的学习方式和发展速度各有不同,在不同学习与发展领域的表现也存在明显差异。孩子年龄越小,个体差异就越明显。成人不应要求孩子在同一的时间达到相同的水平,应允许幼儿按照自身的速度和方式到达《指南》所呈现的发展"阶梯",不用一把"尺子"衡量所有幼儿。

(四)尊重幼儿的学习方式和学习特点

幼儿的学习是以直接经验为基础,在游戏和日常生活中进行的。要最大限度地支持和满足幼儿通过直接感知、实际操作和亲身体验获取经验的需要,严禁"拔苗助长"式的超前教育和强化训练。

(五)重视幼儿的学习品质

幼儿在活动过程中表现出的积极态度和良好行为倾向是终身学习与发展所必需的宝贵品质。要充分尊重与保护幼儿的好奇心和学习兴趣,调动幼儿学习的积极性和主动性,鼓励、支持和引导幼儿去主动探究和学习。帮助幼儿逐步养成积极主动、认真专注、不怕困难、勇于探究和尝试、乐于想象和创造等良好的学习品质。忽视幼儿学习品质培养,单纯追求知识技能学习的做法是短视而有害的。

(六)重视家园共育

强调要重视家庭教育对幼儿终身学习和发展的重要影响,倡导建立良好的亲子关系,创设平等、温馨的家庭环境,注重家长对孩子言传身教和潜移默化的影响。只有家长和幼儿园共同努力,才能有效促进幼儿身心健康成长,否则就会事倍功半。[①]

---

2 李季湄,冯晓霞.《3—6岁儿童学习与发展指南》解读[M].人民教育出版社,2013:1-2.

第二节 幼儿园五大领域教育活动概述

一、幼儿园教育活动设计的框架与要素

幼儿园五大领域教育活动设计要求教师根据《幼儿园教育指导纲要(试行)》中五大领域学习内容的划分以及《3—6岁儿童学习与发展指南》中五大领域发展目标的设定,按照各个领域的特点有目的、有计划地规划和安排各领域的教育活动,在突出体现各领域教育的系统性的基础上,兼顾领域之间的相互渗透和融合。

幼儿园领域教育活动设计的基本框架由活动名称、活动设计意图、活动目标、活动准备、活动过程、活动延伸等要素构成。

(一)活动名称

活动名称是出现在教案开头,明确表达每一次具体教育活动的学习内容与适宜的幼儿年龄阶段。教师应在这里写清楚本次活动所属的领域以及在领域中的活动类型、课题名称、适合的年龄阶段。例如:语言领域谈话活动——我的爸爸(小班),健康领域体育活动——有趣的投篮(大班)。

(二)活动设计意图

活动设计意图是教师根据《3—6岁儿童学习与发展指南》的发展目标要求,结合本幼儿园幼儿发展的具体特点和需要,在充分分析所选学习内容的发展适宜性基础上,概括活动过程中拟实践的教育理念、原则和方法。

活动意图包含以下内容:《指南》相关目标要求、幼儿情况分析、教材特点分析以及本次活动设计思路说明。

(三)活动目标

活动目标是指通过本次教育活动所要达到的教育效果,是对幼儿在活动中应获

得的发展的预期,它体现着对教育实践活动的价值追求。它具体指导着教育活动进行过程,并通过活动效果的反馈不断调整和完善。

教师在制订具体教育活动目标时,既要适应幼儿的年龄特点、原有发展水平和能力,又要充分考虑活动所属领域的内容特点和要求。在方向上,要和幼儿园教育总目标、年龄阶段目标、学期目标等中长期目标保持一致。具体应做到以下几点要求。

(1)活动目标内容一般应该包括情感与态度、能力、知识与技能3个方面。

(2)活动目标表述应具体、可操作,避免过于笼统和抽象。

(3)活动目标应指向幼儿学习的结果,不能用活动的过程或方法来取代。

(4)活动目标应统一从教师期望的角度表述或统一从幼儿学习收获的角度表述。

(四)活动准备

活动准备是完成本次活动需要为幼儿做好的准备,包括经验准备和物质准备两大类。经验准备,指教师在组织教育活动之前,应了解幼儿已有的知识经验,并通过生活活动、游戏活动、区角活动、家园共育等途径帮助幼儿获得本次学习活动所需的知识经验。物质准备,指准备好开展具体教育活动的物质环境,包括教师演示的教具、幼儿操作的学具和活动场地布置等。

(五)活动过程

活动过程设计是对活动中的内容安排、方法运用的具体规定。不同领域的教育活动的过程设计从遵循本领域教育的特点和规律出发,有着各领域教育活动特有的结构和框架。但总体来看,都包含活动导入、活动展开和活动结束三个基本部分。

活动导入部分的主要任务是调动幼儿的学习兴趣,将其注意力集中到学习内容上来,体育活动还包括做好运动前的热身准备。此部分的方法灵活多样,但不宜安排动作激烈的活动,使幼儿过于兴奋。时间不宜过长,一般不超过3分钟。

活动展开部分是活动过程的主要部分,教师通过讲解、示范、演示教具等方法循序渐进地呈现教育内容,通过提问、组织讨论、交代任务等指导方法引导幼儿的观察、操作、感知、发现、理解等学习行为,并对幼儿做出及时恰当的回应。教师力求做到:教学策略、教学方法和教学组织形式的选择注重幼儿学习过程的多感官体验,体现自主、合作、探究学习方式的主要特征;教学内容安排合理、有序,教学重点突出,教学难点突破;教学媒体使用适时、适度,体现创新性和可操作性。活动展开一般分为3—4

个环节,各环节保持教学内容和教学方法上的逻辑递进关系。

活动结束部分,教师可以就本次学习内容进行归纳、小结,也可以组织幼儿对活动中的表现进行评议,还可以设置悬念的方式引出新的学习课题。体育活动还包括组织幼儿进行运动后的放松整理。此环节切忌以教师抽象化、概念化的"成人式"语言进行生硬的说教。应尽量以生动活泼的方式,让幼儿在轻松愉快的气氛中结束活动。

(六)活动延伸

活动延伸是引导幼儿将教学活动中获得的学习经验运用到课堂之外的各种活动和生活情境之中,以实现学习经验的巩固与迁移。教师可设计出本次活动在集体教学之外延伸的具体方式和要求。方式包括:在其他领域中的渗透、向区角活动延伸、向户外游戏活动延伸、开展相关家园合作活动等。

二、幼儿园教育活动组织实施中的教师角色

教师在教育活动组织与实施中有重要作用。在幼儿园教育活动组织与实施中的教师不再是传统观念中的知识传授者这样的单一角色身份,而幼儿教师是集多种角色身份于一身的现代幼儿教育工作者。

(一)幼儿教师是教育活动环境的创设者

幼儿具体形象思维特点和依赖感官体验学习的特点,决定了幼儿园的教育活动离不开具体情境的创设以及大量可操作的物质材料的支持。幼儿教师必须善于利用各种资源收集、整理或制作玩教具,善于配合教学需要布置、调整和利用教室内外环境。

(二)幼儿教师是幼儿活动的观察记录者

幼儿都有自己独特的个性和内心世界,又处于迅速成长,发展变化很快的年龄阶段,语言表达能力限制了他们准确表达内心需要。因此,教师要做到"因材施教",就必须细心观察。首先,在教育活动中,教师要观察了解幼儿的兴趣、需要以及认知发展水平和起点,以更好地调整教育活动的目标和内容要求;其次,教师要及时观察幼

儿对活动的材料、环境、组织形式的反应,分析了解幼儿的不同发展水平和心理活动特点,进而为幼儿提供及时的帮助和指导;再次,教师还应当观察幼儿参与活动的态度、情感,通过幼儿的行为、言语、神情来捕捉有效信息,积极鼓励幼儿的大胆探索和创造。

在幼儿活动过程中,教师要善于及时记录幼儿的表现和保留幼儿的作品,为幼儿建立成长档案。这些观察和记录不仅是幼儿教师分析幼儿发展水平,制订教育活动目标的依据,也是与家长和社区交流的重要内容。

(三)幼儿教师是幼儿学习的指导者

幼儿教师必须依照明确的教育活动目标和教学计划组织实施各领域的教育教学活动,对幼儿进行具体有效的学习指导,以促进幼儿身心全面发展。幼儿教师在教育活动中对幼儿的指导体现在以下几个方面。

1. 为幼儿提供学习的榜样和示范

幼儿理解能力较差,难以明白抽象的道理,这就要求幼儿教师提供具体形象的范例和示范供幼儿模仿学习。如:故事表演、诗歌朗诵、动作示范、绘画技能、歌唱技能、建构技能以及相关的作品范例等方面。另外,幼儿好奇心强、喜欢模仿,易受别人的暗示和感染,因此,教师要注意自己的言谈举止,为人师表,做幼儿的榜样。

2. 设计有效的问题引导幼儿探索

在教育活动中,教师必须善于设计提问,用问题引导幼儿的活动和思维,在积极探索和解决问题的过程中获得有益的学习经验。同时,也保证幼儿的学习不至于偏离教育目标和计划。教师设计的提问要始终围绕教学目标和教学重点,要有利于启发幼儿积极探索和发散思维,尽量不要设计包含答案的封闭式问题。另外,教师不仅是问题的提出者,也应该是与幼儿一起探索和解决问题的合作者,与幼儿一起提出并验证假设,得出结论,使幼儿活动的过程成为知识的探索过程和经验的积累过程。

3. 营造轻松愉悦的教学氛围

轻松愉悦的教学氛围是保证幼儿积极主动参与学习,大胆表达与创造的必要前提。轻松愉悦的教学氛围是建立在民主平等的师生关系基础上,以对幼儿的尊重、热爱和严格要求相统一为原则的一种教室文化。表现为教师亲切自然的语言教态和以幼儿为主体的活动组织过程,幼儿主动积极的活动参与状态和活动中互动良好的师生关系和同伴关系以及井然有序的班级活动常规执行状态。

可见,教育活动中教师的角色是多元而动态变化的,既要做好支持幼儿学习活动的环境创设者,又要承担好幼儿学习行为的观察者职责,同时还要充分发挥幼儿学习过程的指导者的作用。这就要求幼儿教师在组织实施教育活动过程中,要能根据具体的教育对象和教育情境的变化,及时有效地转变角色,保证教育活动达到预期的质量和效果。

第二章
乡村幼儿园教育活动开展现状

学习目标

◎ 五大领域视角下的乡村幼儿发展特点。
◎ 乡村幼儿园五大领域教育现状及存在的问题。

思维导图

乡村幼儿园教育活动开展现状
- 乡村幼儿园健康领域教育现状
  - 乡村幼儿健康发展特点
  - 乡村幼儿健康教育存在的问题
- 乡村幼儿园语言领域教育现状
  - 乡村幼儿语言发展特点
  - 乡村幼儿语言教育存在的问题
- 乡村幼儿园社会领域教育现状
  - 乡村幼儿社会发展特点
  - 乡村幼儿社会教育存在的问题
- 乡村幼儿园科学领域(科学)教育现状
  - 乡村幼儿科学素养发展特点
  - 乡村幼儿科学教育存在的问题
- 乡村幼儿园科学领域(数学)教育现状
  - 乡村幼儿数学能力发展特点
  - 乡村幼儿数学教育存在的问题
- 乡村幼儿园艺术领域(音乐)教育现状
  - 乡村幼儿音乐素养发展特点
  - 乡村幼儿音乐教育存在的问题
- 乡村幼儿园艺术领域(美术)教育现状
  - 乡村幼儿美术素养发展特点
  - 乡村幼儿美术教育存在的问题

了解幼儿现有发展水平才能为幼儿教育找准起点,为幼儿的每一步发展确定适宜的"最近发展区"。直面教育中存在的问题,才能冷静地反思,同时也需积极寻找解决问题的办法。乡村幼儿同城市幼儿一样遵循着儿童身心发展的一般规律,具备不同年龄阶段共同的年龄特征。但受所处的地域环境、生活方式、经济条件等因素的影响,乡村幼儿又呈现出不同于城市幼儿的发展特点。而乡村幼儿教育也因起步晚、师资力量薄弱、教育条件有限、教育观念落后等原因,在设计、组织和指导各领域教育活动过程中存在很多突出的问题。本章内容以五大领域教育为视角,逐一分析概括乡村幼儿的发展特点以及乡村幼儿园在各领域教育中存在的问题。旨在引导广大乡村教师养成"幼儿在前,教师在后"的意识,关注自己所面对的幼儿的发展特点和需要,为接下来深入学习领悟各领域教育活动的设计、组织和指导策略做好充分的准备。

第一节
乡村幼儿园健康领域教育现状

一、乡村幼儿健康发展特点

《3—6岁儿童学习与发展指南》把健康领域划分为3个子领域:身心状态、动作发展、生活习惯和生活能力。围绕这3个子领域,发现乡村幼儿在健康发展方面存在一些突出的特性,概括为以下四点。

(一)体质健康

根据相关调查数据和资料分析,我国农村青少年儿童的健康状况喜忧参半[1]。具体而言,农村儿童营养状况不断改善,生长发育水平有所提高的同时,儿童营养不良和营养过剩并存,农村儿童健康的多项指标如平均身高、体重、胸围等远远低于城市。

---

[1] 崔红,何玲.农村青少年儿童身体健康状况分析[J].中国青年研究,2007(11):11-15.

饮食结构不合理,微量营养素普遍缺乏,贫困地区婴幼儿生长发育迟缓。通过调查发现,很多家庭持"有吃的、能吃饱"的标准,基本不会考虑营养对儿童生长发育的问题,因此农村儿童的营养不均衡、体质健康水平低的问题比较突出。

(二)心理健康

农村幼儿在心理方面表现出的问题[①]主要有以下几方面,首先,"性格敏感内向"。相较于城市地区农村幼儿因生活环境局限,在熟悉的环境中一旦出现陌生事物,心理和行为都会表现出抗拒。另外,可以交流的对象有限,交谈内容有限,也会导致内向的个性特征,所以在适应场地、人际、社会规范方面的能力欠缺,对外界的不信任感持续加强。其次,"容易自卑"。因生活条件差,长期艰苦的生活使一部分农村儿童在与城市同龄人比较时自卑心理严重。再者,"盲目反抗有逆反",在情绪认知和管理方面有欠缺。农村幼儿在与人交往的过程中内心充满警惕,因此特别容易对来自他人的管教产生逆反心理。再加上亲情陪伴的不充分,不容易产生安定的情绪。这些问题将关系到未来人口素质和劳动力的培育,关系到农村经济和社会的协调发展,也关系到社会稳定和可持续发展。[②]

(三)动作发展

农村幼儿喜欢户外体育运动,在基本动作技能如走、跑、跳、投掷、攀登等方面有一定的速度、力量、灵敏和耐力,相较于城市同龄儿童,农村幼儿的生活环境中有更多机会促使身体移动能力、协调性等获得锻炼的机会。同时,近几年农村幼儿园在体育器械方面的不断投入,也使农村幼儿的大动作技能、操控器械的能力得到不断的提高。在精细动作方面,幼儿操控剪刀、筷子、勺子、画笔等器具的能力也在教师提供的多种机会中如生活活动、区域活动不断提升。但也因为受限于教师教学内容和形式的单一[③],农村幼儿在动作技能发展上不够全面,如在"跑"的动作发展方面,大部分只引导幼儿尽量地快速向前跑动,而忽略了往返跑、接力跑、绕障碍物跑、反应跑等多种跑的能力。再如操控器械的能力方面,上肢力量锻炼较多,而下肢动作的控制力、肌肉力量的发展受限。

---

① 马蔡倩.农村幼儿心理健康状况分析及对策研究[J].幼儿教育,2020(9):43,45.
② 张雅茹,张志.农村留守儿童心理健康问题与对策研究[J].经济研究导刊,2019(11):75-76.
③ 邓雪姣.促进农村4—5岁学龄前儿童粗大动作发展的实验研究[D].天津体育学院,2020.

(四)生活习惯和生活能力

一些农村幼儿在生活习惯方面突出的特点是:生活习惯如作息、进餐、喝水的习惯不能持之以恒,卫生习惯如洗手、如厕、护眼、漱口等难养成。一些农村幼儿由于祖辈或父母辈养育时不能和幼儿园达到共同的教育要求,致使幼儿在家没有规律的作息和进餐,基本不具备进餐技能,不具备使用餐巾、收拾餐具等习惯。另外,部分农村地区卫生条件差,人们普遍不具备基本的卫生常识和习惯,致使幼儿在饮水、洗手、漱口等方面难以养成利于健康的卫生习惯。

在生活自理能力方面"两极分化现象"比较突出,即有一批生活自理能力比较强的孩子,由于没有成人太多的帮忙,所以凡事自己动手,在吃饭、穿衣、整理等日常的自我服务中表现得较好;而另一个极端是不会自理的孩子越来越多,这部分孩子的家庭养育观念里"包办"和"代替"与城市家长别无二致。

农村幼儿的安全意识和自我保护能力问题比较突出,"每年有超过20万的0至14岁儿童因意外伤害死亡"[①],交通事故、食物中毒、溺水、自杀等原因"。农村幼儿一是自我保护知识不足,知识的来源渠道比较少,知识积累相对缺乏。二是自我保护意识薄弱,对危险的警觉性较低,如在路上玩耍、乱吃食品、性侵害等的警觉度较低,而对下河游泳的警觉度较高。三是自我保护的措施不足,表现在遇到危险的时候不知所措,或者采用不合理的应对方法。

二、乡村幼儿园健康教育存在的问题

(一)教师对《指南》中健康领域的目标和关键经验把握不足

在贯彻实施《指南》的近十年时间里,教师对其中的要义以及具体内容的学习仍然停留在记忆、背诵、考试的层面,尤其乡村教师更缺乏专家引领的对《指南》的解读和学习。其次是由于乡村幼儿教师师资的特殊性,较大比例是小学转岗教师,因此对幼儿园健康领域的目标、内容、方法等的认知更显得捉襟见肘,在日常教育教学行为中较难做到"心中有目标"地计划、组织和实施健康教育活动和游戏,使幼儿在健康领域各个年龄段的关键经验和能力得不到全面的发展。

---

① 张露萍,李勇,廖晴雯,谢小丽.农村儿童自我保护能力发展研究——以四川省100名儿童为例[J].价值工程,2015(1):302.

(二)对健康领域的教育内容缺乏完整的认知

比较突出的是大部分教师将健康领域的教育内容窄化为"体育教学",但同时又存在教学形式、内容单一的问题;不能根据幼儿动作发展规律与特点,在户外体育游戏过程中引导幼儿进行动作练习。其次是不重视户外体育游戏的开展,即使开展也仍然存在没有针对性的问题,不能促进幼儿动作技能发展。再者,农村儿童特别是留守儿童的心理健康问题已经成为社会性的问题,尤其留守儿童"行为失范、亲情失落、生活失助、学业失教"的问题突出,但大部分教师不知从何入手开展心理健康教育,以及生活习惯和生活能力的教育(包括安全教育),而恰恰这些内容是保障农村幼儿健康发展的重要组成部分。

(三)活动形式缺乏创新

在前面提到,农村幼儿园健康教育活动在教学形式上较单一,以"说教""我示范你做"为主的集体教育活动仍占较大比重,而对区域活动、小组或个别活动形式几乎较少采用,在一些幼儿园还存在"小学化"倾向。究其根本,这与教师对内容的分析与理解,对教学方式的采用和对幼儿学习方式的分析不足有较大关联。"形式的灵魂是理念,缺乏理念的形式都是玩花样",在还未掌握健康领域儿童学习与发展的核心经验时,合理的并有创新理念的教学形式必然会碰到较多的问题和困难。

(四)对乡村幼儿园的园内户外环境缺乏规划

较多的农村幼儿园虽然逐渐在园舍等硬件条件上获得改善,但未能创设适合幼儿运动的户外场地,以及配备相应的设施设备。第一,就目前农村幼儿园的办学条件来说,各级主管部门投入了大量的办学资金,添置了大量设施设备,但大多数在购买设施设备时都比较盲目,并不能根据园所自有的特点进行投入,办学者或管理者在前期并未能参与到园所未来规划中,致使设施设备并不能完全满足农村幼儿园的需求。第二,管理者和教师团队在使用时也并未能做到根据场地特点合理规划运动区、游戏区等,因此导致健康教育的区域活动形式较难开展。

(五)可提供给幼儿运动的物质材料匮乏

部分乡村幼儿园由于受区域、经济等的影响,在物质材料方面的匮乏是比较突出的问题。同时还有教师不能因地制宜地、创造性地利用当地及周边环境资源,以及惯性思维地等待购买现成器械、设备等问题。

第二节
乡村幼儿园语言领域教育现状

一、乡村幼儿语言发展特点

幼儿阶段是孩子语言启蒙的关键时期,必须抓牢、抓实幼儿阶段的语言教育工作,才能有效引导幼儿养成良好的语言学习习惯,为其日后的学习、生活奠定重要的基础。但从现阶段乡村幼儿语言发展调研情况来看,仍有不少幼儿得不到有效的语言教育指导,导致幼儿语言的发展与城市幼儿相比存在一定差距,具体表现出以下几个特点。

(一)语音发展方面

语音是口头语言的物质载体,是由人类发音器官发出的表达一定语言意义的声音,学前儿童期也是语音可塑性最大的时期。但由于乡村地区地理位置较为分散,方言类型多样,先入为主的地方语音系统影响着儿童对标准普通话语音的习得。同时由于乡村地区经济落后,父母外出打工,留守儿童的隔代教育比较普遍,祖辈能运用普通话与儿童交流的可能性很小,导致儿童语音学习的环境大打折扣,与城市儿童相比较,具体表现出以下两个方面的明显差异。

1.发音水平方面的差异

我国学者刘文喆对城市与乡村儿童在发音水平方面的差异做过以下研究,以《汉语拼音方案》中规定的声、韵母来测查城市与乡村3—6岁学前儿童语音的正确率,得到如下数据:4岁儿童声母发音的正确率,城市儿童已达97%,乡村儿童仅达74%;韵母发音的正确率,城市儿童已接近100%,乡村儿童仅达85%。

2.声母发音与学习方面的差异

研究表明[①]:乡村儿童较难掌握的声母是z、c、s、zh、ch、sh、r、n、l。如:对 zh、ch、sh

---
① 王云.浅谈如何提高农村幼儿口语表达能力的创新研究[J].好家长,2019:49.

(舌尖后擦音)、r(舌尖后浊擦音)的发音感到困难,zh、ch、sh容易与z、c、s相混;将后鼻音eng、ang、ing发成前鼻音en、on、un等。这一现象虽存在于整个学前儿童期的各个年龄组,在城市和乡村的学前儿童中都得到了体现。但乡村的地理位置及与外界信息沟通与交流方面的不利因素,导致了乡村儿童在声母发音与学习方面均比城市儿童滞后。

案 例

天天,男,5岁,就读幼儿园中班,他是一名活泼、可爱、外向的孩子。天天的父母在重庆打工,他跟爷爷一起生活。天天说爸爸带自己去过几次重庆,还去了那里的游乐场玩,很是开心。但是,在和笔者交谈的过程中,天天一直都说着一口地道的昭通方言,我们要他说普通话,他开心的表情就一下子不见了,说道:"我不会说普通话。"我们问他为什么,他说在家里跟爷爷都是说昭通话,他不会说普通话,在幼儿园里他也不爱说普通话。

(二)词汇发展方面

词汇量是儿童语言发展的标志之一。词是语言的基本单位,词汇是语言的建筑材料,词汇数量直接影响到儿童言语表达能力的发展。

在乡村儿童中,由于父母外出打工,孩子长期由家里的老人带,老人们大多数文化水平较低,每天忙于种地或做家务,对孩子的教育方式极其简单,要么溺爱、随其发展,要么动手打骂;教育方式也较为极端,很少与孩子交流进行正确引导;而父母平常也较少与孩子联系,无法正面给孩子加以指导和树立榜样。同时,随着科技的不断发展,电脑、手机等电子产品对乡村家庭的渗透较大,当老人们在忙碌时,往往会让孩子长久地看电视、玩手机,没有人陪孩子说话,从而使幼儿产生词汇数量掌握不足、词类掌握范围窄、对词义的理解不准确等词汇发展问题。

国内外的研究结果表明,儿童各年龄段的词汇量大体上可以描述为:1岁时词汇量在10个词以内;1岁至1岁半时为50—100个词;1岁半至2岁时为300个词左右;2岁至2岁半时为600个词左右;2岁半至3岁时为1100个词左右;3—4岁时为1600个词左右;4—5岁时为2300个词左右;5—6岁时为3500个词左右。但王美芬、张佳佳的研究显示,我国2—3岁年龄段中,只有14%的乡村儿童词汇发展水平正常;4—5岁和

6—7岁乡村儿童测试结果显示,仍有47%和7%的儿童在词汇的表达上,分别选择沉默不语和回答错误;在能回答出问题的乡村儿童中,也只有少数几人能够用生动且完整的语言表达。由此可见,乡村儿童词汇数量、运用范围和对词义理解的掌握水平低于城市儿童。

(三)语法发展方面

语法是组词成句的规则,儿童要顺利地运用语言与人交流,必须先掌握母语的语法体系。儿童的语句发展顺序是由单词、句到电报句再到简单句,最后发展出更为复杂的句子结构类型。郭芙蓉、肖琦的研究结果显示,乡村儿童在语法的发展方面,出现比较典型的三种错误运用:一是无法精确表达目标词汇,通常使用词汇的上位词或下位词命名,导致完整句子表达的发展滞后。二是认识但无法表达目标词汇,通常会描述目标词汇的形态、功能或使用自造词,导致语句结构不清晰。三是不认识目标词汇,通常回答外形或功能类似的词、无关词或"不知道",导致句子的含词量不足。如:当目标词为"蹄子""膝盖""计时器"等,他们会选择"不知道"。其次,乡村儿童会在语法组合时混淆语音相近的词汇,如:目标词为"蝎子",乡村儿童会选择"鞋子";目标词为"母子",他们会选择"拇指",目标词为"下巴",他们会选择语音相近的"嘴巴"或"不知道"。

针对城市儿童语法发展的调查显示(张明红《学前儿童语言教育与活动指导》,华东师范大学出版社,2014),大约两岁以后,儿童就能逐渐学会说比较完整的句子,完整句子的数量和比例随着年龄的增长而增长,到6岁左右98%以上的儿童都会使用结构方式多样的完整句,呈现出句型从不完整句向完整句发展的特点。在家庭和园所优质教育资源的影响下,3—4岁的儿童大多能使用含4—6个词的句子。4—5岁的儿童已经能使用含7—10个词以上的句子,5—6岁的儿童能熟练运用含7—10个词的句子,部分孩子甚至出现使用含11—16个词的句子。结合上述数据,可以在具体教育教学实践中,为乡村儿童语法发展提供一些借鉴和参考。

二、乡村幼儿园语言教育存在的问题

乡村幼儿园语言领域教育活动由于教师的专业能力不足,在组织相关教育活动时存在活动目标定位不准确、活动内容选择较单一、活动形式和方法单调、评价结果局限等方面的问题。

(一)活动目标定位不准确

教师在制订活动目标时,没有充分考虑孩子的认知特点和已有经验,导致活动目标的制订脱离了孩子的实际,目标拟定含糊、笼统、缺乏可操作性。如,在大班文学欣赏活动——欣赏散文《金色的秋天》中,教师制订的教学目标是:(1)引导幼儿理解散文内容,学习有感情地进行朗诵;(2)发展幼儿口语表达能力,培养其热爱大自然的美好感情。这种目标看似表达完整、连贯,但过于笼统、空泛,缺乏可操作性,它可套用到任何一个教学活动中,造成幼儿学习的无目的性与教师指导的盲目性和缺乏针对性。这样大而空的目标无法去检测,也无法在一次活动中实现,形同虚设。

(二)活动内容选择单一

在活动内容的选择上存在选择单一、难以体现幼儿兴趣需要等问题。针对活动的选材,教师往往总是照本宣科、跟着教参走,在活动内容选择方面大多以故事、儿歌为主,对散文、绕口令等作品和听说游戏采用较少,在早期阅读方面,缺乏对优秀绘本的了解与推广,导致语言教育教学活动效果和幼儿语言能力发展方面大打折扣。

(三)活动形式和方法单调

在语言教学活动中,教师过于注重强调"灌输"活动内容,大多采用讲述的方式展开教学,在理解活动内容的过程中没有给予幼儿更多的思考空间,忽略了拓展幼儿思维、创编或续编文学作品的环节。其次,语言教育活动形式以单向"输出"为主,如:教师主导讲述故事情节,幼儿被动听故事,而一对多的互动形式只在交流过程中与部分幼儿进行,其他幼儿则得不到应有的锻炼。同时,由于教师自身讲述技巧的缺乏,在讲述过程中有效提问过少,导致幼儿经常只能用"是""不是"或者"对不对""好不好"等封闭性的无效答案来回应。

(四)评价结果局限

很多教师在活动结束后,进行活动评价环节,针对活动内容本身进行评价过多,对于幼儿语言能力发展的具体情况缺乏深入分析,没有依据客观的幼儿发展水平及语言的最近发展区规律进行评价,造成从教师主体出发评判教学效果为主导,缺乏对活动整个环节、幼儿实际发展状况做出科学衡量与判断。

第三节
乡村幼儿园社会领域教育现状

一、乡村幼儿社会性发展特点

每个儿童从出生那一时刻起就处于一定的社会环境和社会关系中(但菲《幼儿社会性发展与教育活动设计》,高等教育出版社,2008)。乡村幼儿特定的社会环境和社会关系构成了他们身心发展的基本条件。我国乡村幼儿群体从家庭结构方面来分,大概有两类:与父母共同生活的儿童和留守儿童。这两类家庭结构中成年人之间的人际交往与互动方式潜移默化地对乡村儿童社会性的发展产生影响。留守儿童在生命最初几年与父母建立良好亲子关系和形成安全依恋方面有所欠缺,在其长大成人后,会明显表现出社会性退缩、自信心不足等问题,从而影响与他人的互动以及建立良好的社会关系。通过观察和访问乡村幼儿教师关于乡村幼儿社会性发展的实际情况,我们依据社会领域关键经验的内容,从自我意识、亲子关系、亲社会行为、规则意识归纳总结了以下4个特点。

(一)自我意识

自我意识是人对自己以及自己与客观世界关系的一种意识,包括自我认识、自我体验和自我控制[①]。幼儿自我意识的发展始于生命第一年对身体的识别,到自我社会性的认知,以及发展出对自我特征和能力的丰富、全面的认识。人的自我意识即自我概念的形成最初是来自成人对自己的评价,进而产生自信、自尊以及自控能力。

乡村幼儿对自我有一定的认知,但由于他们的祖辈、父母文化水平不高,情感表达能力又比较欠缺,导致平时与幼儿的交流较少,对幼儿的评价缺乏针对性,难以帮助他们从成人正确的评价中逐渐认识自我,因此,乡村幼儿对自我意识发展的理解比较模糊、笼统和受限。比如:成人一味强调幼儿要"乖"及听话,幼儿在这种单一的评价中很难列举出自己具体明确的优点,也无法客观看待和了解自己的缺点。于是就

---

① 杨丽珠,吴文菊.幼儿社会性发展与教育[M].辽宁:辽宁师范大学出版社,2000:77-114.

简单认为:"乖"就是好孩子,"不乖"就是坏孩子。

(二)亲子关系

亲子关系是父母与子女的关系,是家庭关系的重要组成部分。良好的亲子关系是亲子教育的基础,只有在关系和谐的状态下,子女才会尊重父母,接受父母的教育。父母要想更好地教育子女,就需要与子女建立良好的关系,学习有效的沟通方法。

与父母共同生活的乡村幼儿由于其父母在语言和情感沟通方面的能力不足,在亲子关系的建立和沟通方面较城市儿童来讲有所欠缺,城市儿童可以有很多与父母相处的时间与空间,更容易建立关系。由于在依恋关系形成的关键时期父母的抚养和陪伴有所缺失,不少留守儿童对父母没有太多印象,大多是平日里电话或者微信等抽象的问候,即便是过年时回家的相聚,父母也大多是用"礼物"这一类的物质来进行一些陪伴缺失方面的弥补,此类儿童普遍表现出和父母的距离感、陌生感,"想爱又不知如何亲近",逐渐和父母的关系也"渐行渐远"(张文新《幼儿社会性发展》,北京师范大学出版社,1999)。

(三)亲社会行为

亲社会行为又叫积极的社会行为、利他行为,它是指人们在共同的社会生活中经常会表现出的有利于他人的行为,比如帮助、分享、合作、安慰、捐赠、同情、关心、谦让、互助等[1]。

乡村居住环境较城市更为开放,家长的管束较少,再加上乡村独生子女较少,使得乡村幼儿与幼儿之间会有更多在一起玩耍的时间和空间,尤其同为留守儿童的群体之间会更容易产生"同病相怜"的情感。由于有更多与同伴交往的机会,乡村幼儿会经常聚集在一起嬉戏玩耍,合作共同玩游戏;当同伴出现问题时,比较愿意帮助;愿意和同伴分享食物、玩具、书籍等,并以此作为同伴交往的一种方式。但在"安慰、捐赠、同情"等亲社会行为方面就显得比较欠缺,比如看到同伴哭泣流泪会有些不知所措,不知道如何安慰;由于社会团体的关爱,会有接受玩具、书籍、衣物等捐赠的体验,但很少有可以捐赠他人的机会;在留守儿童中因为自己也需要被同情,部分幼儿对弱势的同伴表现得比较冷漠,甚至少数幼儿会表现出"看热闹"的状态。

---

[1] 杨丽珠,吴文菊.幼儿社会性发展与教育[M].辽宁:辽宁师范大学出版社,2000:154-163.

(四)规则意识

规则意识是发自内心的、以规则为自己行动准绳的意识。比如说遵守班级和幼儿园的规则、遵守社会公德、遵守游戏规则等意识。

和父母共同生活的幼儿因为有较多相处的时间,当出现一些不遵守规则或行为问题时,容易被及时发现并纠正。但在对留守儿童社会性发展的相关调查报告的整理中发现:乡村留守儿童在规则意识培养方面存在性别差异。男孩子比较"调皮捣蛋",总是互相邀约做出一些违规行为,比如:在教师组织活动时注意力不集中就开始发出一些声音想早点结束活动出去玩;游戏过程中不遵守规则;欺负女孩子或者弱小的孩子;与同伴发生冲突的时候会打架;不肯承认错误或道歉。而女孩子则表现出与生人接触时不讲话,表达自己的想法时声音很小,容易害羞,在成人面前很乖巧,不敢尝试新事物等问题。

二、乡村幼儿社会教育存在的问题

乡村幼儿园社会领域教育活动由于教师的专业能力不足,在组织相关教育活动时存在目标定位不准确、内容选择较单一、教育方式方法较单调、忽略家园共育指导、师幼欠缺有效互动等方面的问题[①]。

(一)目标定位不准确

在五大领域教育活动的设计中,由于教师缺乏对关键经验的了解,所以在目标的制订方面不够具体、明确,容易和其他领域的教育目标相混淆。比如:教师在利用绘本的内容作为载体来设计社会领域的教育活动时,容易体现出健康领域、语言领域的目标,无法突出社会领域的教育目标;在三维目标的制订上忽视幼儿在社会情感体验方面的目标,而偏重于社会性知识的目标制订与完成。

(二)内容选择较单一

幼儿社会性的发展渗透在五大领域的教育中,幼儿园社会领域可选择的教育的内容比较广泛。有以绘本为题材指向幼儿自我意识发展的内容,有结合传统节日为载体的指向幼儿社会情感和社会认知发展的内容,还有日常幼儿人际交往和遵守

---

① 徐莉玲.幼儿社会性教育的重要性及策略探析[J]. 课程教育研究,2014:29-30.

规则中出现问题指向的行为规则培养方面的内容等等。但乡村幼儿园社会领域大多选择的是行为规范的内容,强调遵守规则的意识和规则的建立,在自我意识和社会情感等方面的内容选择较少,单一的活动内容也导致幼儿对社会领域教育活动的组织不感兴趣。

(三)教育方式方法较单调

乡村幼儿教师在组织社会领域教育活动时,常常会采用说教的方式让幼儿接受道理,很少让幼儿在体验中学习和感悟;在设计组织的社会领域集中教育活动中,欠缺灵活的教育方法;通常会以故事、谈话、讲述的方式为主,显得单一和枯燥,幼儿兴趣不高,注意力容易分散。由于幼儿的社会性更多是在日常生活与人交往的过程中体验和发展起来的。因此在一日活动中会出现很多具有社会性教育的价值,但乡村教师对幼儿日常社会性培养出现的教育契机不敏感,不知道该如何引导幼儿。比如当幼儿与幼儿之间发生冲突时,正是引导幼儿如何与同伴交往的良好教育契机,但往往容易出现教师要么简单地让幼儿"赔礼道歉",要么对此类问题"置之不理"等现象。

(四)忽略家园共育指导

幼儿社会性的培养主要依靠家庭教育,比如家长的以身作则,让幼儿学习和模仿,但由于乡村幼儿家长的文化水平不高,情感交流和有效引导欠缺,部分家长自身的社会性发展欠缺,行为不规范,造成幼儿受到负面影响。再加上有的乡村幼儿园三分之一的幼儿属于留守儿童,家中多是祖辈抚养,祖辈抚养关注的主要是衣食保暖方面,欠缺家园沟通与科学有效的指导方法,难以起到家园共育的教育作用。

(五)师幼欠缺有效互动

幼儿社会性的发展需要教师与之经常进行情感的交流,才能让幼儿在教师对自己的评价中逐渐完善对自我的认知、学习如何与人交往和建立关系。然而,乡村教师仍旧存在情感交流和语言表达方面的欠缺,加之部分乡村教师是转岗教师,对3—6岁幼儿的身心发展特点和学前教育的内容不太了解,有的幼儿园班额较大,或者混龄组织,教师配备不足加上忙于日常的繁琐事务,在对幼儿积极情感的支持、互动理解和支持性语言方面都不太敏感。

第四节 乡村幼儿园科学领域(科学)教育现状

一、乡村幼儿科学素养发展特点[①]

随着社会进步与发展,越来越多的人认识到幼儿园的科学教育不能局限于幼儿学习科学知识,更要关注幼儿科学素养的培养,形成终身受益的学习态度和能力尤其重要。因此,成人应创设环境,支持和引导幼儿在科学探究的过程中去主动发现问题、分析问题、解决问题,探索周围的世界,尝试发现事物间的不同和联系。乡村幼儿在科学素养方面因地域、环境、教育等因素的影响,也表现出自己特有的发展特点。

(一)科学情感态度

幼儿在科学情感、态度方面的科学素养主要包括了对科学活动的兴趣爱好,关注生活中的科学现象,关心、爱护自然和环境等的积极情感和态度。总体来说乡村幼儿生活的自然环境丰富,他们有着与生俱来的好奇心与探究欲,同时对大自然有着尤其强烈的亲切感和探究兴趣,如对周围环境中动植物的分辨和认识能力较强等,但在对乡村幼儿园开展科学教育情况的调研过程中也发现,大多数乡村教师在实践工作中对幼儿的科学情感态度方面的培养不够重视。

(二)科学知识经验

科学知识经验的素养主要指幼儿获取周围物质世界的广泛科学技术经验和具体知识,在感性经验的基础上形成表象水平上的科学概念。乡村幼儿在科学知识经验方面的素养也表现出了自己的特点:1.从经验的构成比重来看,科学知识经验的比重明显低于其他领域的知识经验,调研中看到当前很多乡村幼儿园小学化倾向严重,识字、拼音、算数等集中活动占了很大的比例,科学活动开展得较少,甚至有的从未组织过科学活动,这也在一定程度上导致乡村幼儿所获得的知识经验中,科学方面的知识经验比重是较低的;2.从经验的获得方式看,乡村幼儿的科学知识经验很少通过专门

[①] 徐祖玉.浅谈如何培养幼儿的科学素养[J].速读(中旬),2014:226-227.

的探究活动来获得,经验一方面主要来自教师在课堂上的直接传递以及对教科书的记忆,另一方面是以生活经验积累、自然自发式探究为主;3.从经验的验证与运用来看,幼儿自己探索、验证、运用经验的机会少,甚至有的教师会要求幼儿对结论进行死记硬背。

(三)科学方法

科学方法素养主要指幼儿在科学探究活动中所学习到的探索周围世界和科学的方法、技能,如观察、比较、测量、验证、思考、表达交流和解决问题等,从学前儿童科学教育的方法来看,强调以探究为主要方法,要重视儿童主体活动在科学活动中的作用。与城市的孩子相比,因师资力量欠缺、设备简陋、教学资源匮乏,乡村幼儿能够学习到的探究方法、技能是非常有限的,可以说探究方法单一,甚至缺乏。而这也导致幼儿当对周围世界产生好奇,想要进一步探索时,因为不具备科学方法方面的素养,不能很好地与周围的环境互动,不知所措,甚至习惯于坐等答案,对科学探索逐渐失去兴趣。

二、乡村幼儿科学教育存在的问题[①]

(一)教学目标重结果、轻过程[②]

《3—6岁儿童学习与发展指南》中明确指出,"幼儿科学学习的核心是激发探究兴趣,体验探究过程,发展初步的探究能力"。这就要求我们在科学活动中,注重幼儿的自主性和积极性,让幼儿积极主动地探索,重视探索的过程。但在乡村幼儿园的科学教育活动中,出现了明显"小学化"倾向,我们看到教师更注重的是课堂的纪律性,静态的结果性知识经验的传递,最重要的动态的科学探究过程往往被忽视或省略,科学活动以教师讲、幼儿听为主,以让幼儿记住科学的事实和原理为目的,这大大违背了幼儿的身心发展规律,背离了科学教育的根本目的,使幼儿对科学探究失去了兴趣,阻碍幼儿养成求实创新的科学素养。

(二)教学内容单一,未充分挖掘和利用乡土资源

科学教育活动内容的范围非常广泛,包括动植物与环境的关系、非生物与人的关

---

① 于冬冬.农村幼儿园科学教育存在的问题及解决策略[J].课程教育研究:学法教法研究,2019:166-167.
② 李槐青.当前幼儿园科学教育存在的问题及其解决策略[J].学前教育研究,2010:60-62.

系、非生物与动植物的关系、人与自然的关系等，幼儿园科学教育的内容更要以幼儿的身边的事物为主。乡村幼儿园在科学探究内容和资源方面有着得天独厚的条件，如田野中的农作物、各种昆虫、牲畜、农耕等等。但是受教师课程意识淡薄、课程开发能力弱、家长科学意识不强等多方因素影响，很多教师不知道如何挖掘和利用身边的"活教材"，不考虑当地的地域、环境、乡土资源等，以教材为主、内容单一，远离孩子们的实际生活，没有利用好当地丰富的自然乡土资源，使得乡村很多现有科学教育资源难以得到挖掘和充分利用。

（三）幼儿园对科学教育活动的重视程度不足

在乡村幼儿园里，受"小学化"教育模式影响，老师们大部分的精力都放在语言、数学等活动上，对科学知识以及科学活动的关注度很少，对科学领域教育活动的重视程度较低，有的乡村幼儿园的课程安排中几乎不开展或很少开展科学教育活动，导致乡村幼儿园对于科学活动既缺乏相应的理论支持，又缺少实践经验。

（四）教师缺乏科学专业素养导致活动开展有困难

在乡村幼儿园有许多教师是属于小学转岗教师或者非学前专业教师，对于幼儿阶段的科学教育"教什么、怎么教"并不清楚，对各年龄段幼儿科学教育发展目标不清晰，再加上科学素养普遍较低，科学知识水平有限，外出参加科学教育培训的机会少，导致在开展科学教育活动时有困难，即使偶尔开展也是以"教师说、幼儿听""教师做、幼儿看"为主。在实地调研访谈中，当问到教师为什么不开展科学教育活动时，很多教师的回答是"不知道怎么组织科学教育活动""组织科学教育活动时找不到材料"等。

（五）相关硬件条件难以满足科学教育活动的要求

科学与科技是密不可分的，在科学教育活动开展中，是需要必要的科技硬件设备作为支撑的，但是农村的经济落后于城市地区，并且受不重视的影响，在乡村幼儿园，设置较多的区域为阅读区、美工区、建构区、娃娃家，对于科学区域的创设是缺失的，更谈不上科学发现室的设置及区域中相关科学活动材料的投放了。乡村幼儿园的科学硬件设施很难支撑科学活动，不利于乡村幼儿园科学教育活动的开展。

第五节
乡村幼儿园科学领域(数学)教育现状

"幼儿数学能力的发展既是幼儿数学学习的目标,又是数学学习的起点,对于幼儿数学教育的开展起着至关重要的作用。幼儿的数学能力是一个比较宽泛的概念,它包括幼儿对于数、量、数量关系、比较、形状、空间和时间的识别及认知能力。"[①]

一、乡村幼儿数学能力发展特点

通过多年的幼教实践观察及和与多位乡村幼教同行的交流,发现在乡村幼儿数学能力的发展上,存在着一些共性的特点。具体如下。

(一)分类能力的发展[②-③]

《3—6岁儿童学习与发展指南》中规定,3—4岁幼儿"能感知和区分物体的大小、多少、高矮长短等方面的特点,并能用相应的词表示"。4—5岁幼儿"能感知和发现常见几何图形的基本特征,并能进行分类"。综上可见,小班幼儿以求同能力的培养为主,中班幼儿则开始进行分类能力的培养。

一般说来,对物体进行分类的方式通常有以下几种:①按物体的名称分类,如把书放在一起,把笔放在一起等。②按物体的外部特征分类,如按颜色不同,将黄气球放在一起,将蓝气球放在一起;按形状不同,将椭圆形气球放在一起,长条形气球放在一起等。③按物体量的差异分类,如把大气球和小气球分别放在两个筐里。④按物体的用途分类,如把笔、本子、手工剪刀、铅画纸等归为一类(都是文化用品)。⑤按物体的材质分类,如将塑料花片、塑料小碗、玩具等归为一类,将布娃娃、衣服、裤子等归为一类。⑥按物体的数量分类,如把数量只有一个的物品放在一起,把数量为两个的物品归在一起等。⑦按事物间的关系分类,如将小兔与萝卜放在一起,将猴子与香蕉

---

① 陈思曼,王春燕.幼儿数学能力发展现状与影响因素研究[J].陕西学前师范学院学报,2019:99-106.
② 彭谦俊.城乡幼儿分类能力发展的对比研究[D].湖北:华中师范大学,2012.
③ 王文忠,方富熹.幼儿分类能力发展研究综述[J].心理学动态,2001.

放在一起等。

回顾多年的教学实践发现,乡村幼儿在按物体的名称分类、按物体的外部特征分类(物体的颜色、形状等)、按物体量的差异分类(物体大小、长短、粗细、厚薄、宽窄、轻重等量的差异分类)时,基本都能顺利完成分类任务。

然而在按物体的用途、按物体的材质、按事物间的关系等分类方式进行分类时,他们就会出现一些困难。乡村幼儿在物品分类过程中,按用途分类时,弄不清一些物体的用途;按物体材质分类时弄不清某些物体的质料;按事物间的关系分类时大都弄不清谁和谁有一定关联。分类时频繁出错。

在对分类理由的阐述的表现存在显著的城乡差异,相对于城市幼儿,大部分乡村幼儿在阐述分类理由时表现出羞怯、不出声,即使知道为什么那样分,但当老师问他分类理由时,他要么自顾自地继续在那摆弄物品,不回应你。要么嘴上说着不知道然后看着你笑笑。还有的就是不说也不再摆弄物品,把头低下不看老师,到老师转到别处以后,他又抬起头继续进行他的活动。

(二)基数概念的发展

《指南》仅对小班儿童提出掌握基数概念的要求,具体涉及手口一致点数、说出总数和按数取物。按数取物是掌握基数概念的标志。如要求儿童从放有20颗纽扣的盒子中拿出5颗纽扣,儿童若能准确地拿出5颗纽扣则表明儿童已经真正理解了5的基数含义。说出总数是按数取物的前提,但能说出总数并不一定说明儿童真正理解了基数含义,因为儿童有可能是在一种模仿的水平上完成数数过程的,并不理解最后所说出的数代表整个集合的数量。在数的点数上大多数乡村小班幼儿进行计数活动时,经常会出现这样的现象:①口能从1顺着数到10,但手在乱点。②手能按实物顺序一个个地点,口却乱数。

> **案 例**
>
> ### 小班复习1—5的点数
>
> 环节一:按数取物,教师出示一张数字卡片请幼儿去取相应数字数量的物体。此环节许多幼儿出现数字与物体数量不符的情况。例如:教师拿出数字4,请杨杨小朋友到黑板上取4个菠萝,杨杨小朋友将黑板上粘贴的5个菠萝都拿了下来。教师:请数一数再拿。杨杨小朋友数了5个菠萝后看向老师。教师:现在小猪只需要4个菠萝,数4个菠萝给小猪。杨杨依然将5个菠萝都拿来。
>
> 环节二:将数字卡片贴到对应的物体后。红星小朋友把数字3卡片随便贴到了5个菠萝后面。教师:请问你的手里是数字几?红星:是3。 教师:请数一数有几个菠萝? 红星:1,2,3,4,5。教师:嗯,对,所以有几个菠萝?红星:3个。 教师:数数是几就有几个,你再数一遍。红星:1,2,3,4,5。 教师:有几个菠萝?红星:4个。
>
> —— 分析 ——
>
> 由案例可以看出,乡村小班幼儿一些人仍不能理解1—5总数的概念,对每一数字表示物体数量这一意义还未完全理解,也没有真正形成基数概念。

(三)图形的认知水平[①]

对于图形的认知,要让幼儿知道:图形特征的分析和比较可以帮助我们对图形进行定义和分类;不同的图形可以合成一个新的图形(组合),或分割成其他图形(分解);图形是可以移动、翻转或旋转变化的。

在图形认知方面对各年龄段也有一定的要求:3—4岁:能正确认识和区分圆形、正方形、三角形,且对椭圆形、长方形、半圆形等其他平面图形具有一定的匹配能力;能根据成人提供的范例找出与之相同的图形。 4—5岁:能识别并命名不同图形。能正确认识圆形、正方形、三角形以及长方形、半圆形、椭圆形和梯形,且能逐步理解平面图形的基本特征;能逐步做到不受图形大小、摆放位置的影响,正确地辨认图形;能比较相似的平面图形,理解图形之间的简单关系;对平面图形的组合拼搭活动表现出较高的积极性及一定的创造性。认识到平面图形与立体图形是有区别的。 5—6岁:能识别、命

---

① 周梅林.幼儿数学教育活动设计与指导[M].北京:中国劳动社会保障出版社,2014:76.

名并建构图形。基本上理解图形的典型特征,并在头脑中形成某种图形的"标准样式",从而进行正确的判断,同时能进一步理解图形之间较为复杂的组合关系。

多数乡村幼儿上小班了还不认识正方形、圆形,出现了指认错误。乡村中班幼儿对三角形、圆形、长方形、正方形认知稍好,但认识不全面。对椭圆形、梯形、菱形、平行四边形的指认和命名难度较大,屡屡出错。

> **案例**
>
> ### 翻转三角形(轩轩4岁多,中班)
>
> 老师:这是什么形状?
>
> 轩轩:三角形。
>
> 老师:真聪明! 知道这是三角形,那么这样子呢?(将小卡片当着轩轩的面翻转,使顶点朝下。)
>
> 轩轩:不知道。
>
> 老师:不知道? 再想想看,这是什么形状?
>
> 轩轩:不知道。老师:好!那么这样子呢?(将三角形翻转过来,翻成顶点朝上的放置方式。)
>
> 轩轩:三角形。
>
> **分析**
>
> 反复的指认活动后,发现4岁的中班孩子轩轩对常规放置的三角形能正确指认,但只要稍换个方向,他在指认时就时不时会出错,说明4岁的轩轩实际并没有掌握三角形的特征。

(四)量的传递性推理[①]

在《指南》"数学认知"第二条目标——"感知和理解数、量及数量关系"中有关量的比较中第一条小目标所涉及的大多是连续量,如对物体大小、长短、粗细、轻重、容量、面积等属性的比较,只涉及一个非连续量——多少。这条目标对小班儿童的要求是理解有关大小、多少和高矮的概念,并能准确使用这些术语,即要求儿童在两两比较的情况下用语言来描述物体的量的特征。对中班儿童的要求是感知和区分粗细、

---

① 杜芬娥,胡彩云.大班幼儿量的排序与比较能力发展现状研究[J].教育导刊:下半月,2014:5.

长短、厚薄、轻重,同样是要求儿童能理解这些概念和会用相关术语描述物体的特征。对大班儿童的要求是能初步理解量的相对性。5—6岁的儿童已经开始理解物体的大小、长短、高矮的相对性,如在三个物体相比较的情况下,儿童能说出物体B小于物体A但大于物体C。传递性是指通过与不同对象量的比较可以预测和推断出两个(组)物体量差异,如从A＜B、B＜C可以推断A＜C。[①]

在量的比较学习活动中,大部分乡村幼儿表现都还可以,乡村幼儿粗细比较的能力发展良好。在乡村幼儿大小、长短的比较排序活动中,大部分幼儿都需要在老师的引导下才能完成,排序能力处于中等水平,在对三个物体进行轻重比较时,他们能说出A＜B,B＜C,但A和C之间是什么情况就全靠猜了,能独立完成的幼儿寥寥无几。

案 例

大班"比轻重"

向5—6岁的乡村幼儿呈现两幅两只小狗玩跷跷板的图片,一幅是小花狗在下,小黄狗在上,另一幅是小黄狗在下,小白狗在上。教师分别出示卡1和卡2,告诉幼儿小花狗、小黄狗和小白狗在比轻重。

教师:"小花狗和小黄狗比,谁重?为什么?"

幼儿:"小花狗重,他把跷跷板压下去了。"(全部回答正确)

教师:"小黄狗和小白狗比,谁重?为什么?"

幼儿:"小黄狗重,他把跷跷板都坐下去了"(毫无悬念,基本都能正确回答)

教师:"小花狗和小白狗比,谁重?为什么?"

……听不到回答的声音了。经过多次的语言引导加上图示操作,才勉强有几个幼儿能回答正确。

---

① 黄瑾,田方.学前儿童数学学习与发展核心经验[M].南京:南京师范大学出版社,2015:205.

二、乡村幼儿数学教育存在的问题[①]

(一)活动目标不合理

综合《纲要》和《指南》的要求,幼儿数学教育总目标应包含以下具体内容:①对周围环境中事物的数量、形状,时间和空间等感兴趣,有好奇心和求知欲,喜欢参加数学活动和游戏。②能从生活和游戏中感受事物的数量关系,获得有关数、形、量,时间和空间等感性经验,体验到数学的重要和有趣。③学习用简单的数学方法,解决生活和游戏中某些简单的问题,能用适当的方式表达、交流操作和探索问题的过程和结果。④会正确使用数学活动材料,能按规则进行活动,有良好的学习习惯。然而,我们接触到的一些乡村幼儿教师数学教学活动设计,活动目标大都存在不合理之处。乡村幼儿教师教学活动目标单一,目标不切实际、指向不明。乡村幼儿教师在制订活动目标时,还常常出现以下情况:一是有些目标定位不当,没有切实以班级幼儿的身心特点、知识储备、已有经验和兴趣为基点确定目标。二是有些目标生搬硬套。三是有些目标表述不具体、不明确。四是有些目标主次颠倒,称谓不定,有时脱离了幼儿这一主体。

(二)活动内容随意,小学化趋势较重

幼儿教师对数学的正确认识,对幼儿数学学习规律的准确把握,是教学顺利进行的保证。幼儿根据教学计划,在教师的指导下获得数学知识、技能,从而形成数学能力,在这个过程中对数学概念和技能的学习是首要的。而数学技能的学习不仅仅是思维能力的发展,同时还有动作技能,如测量技能,使用计算工具的技能等的发展。

乡村幼儿教师对究竟应该培养幼儿哪些方面的能力,认识上是不全面的。乡村幼儿教师在培养幼儿数学能力时,他们想到的就是基本了解10以内数字,让幼儿会写,还有认识序数、相邻数、数的组成、数的分解。他们认为把这些基础的知识讲给幼儿就行了,比较偏重于教授数的加减法,甚至部分大班直接采用的就是小学一年级的数学教材。

(三)活动的过程忽略幼儿的主体地位

幼儿是活动的主人,幼儿的兴趣、爱好、主观能动性直接影响着其对知识经验的

[①] 羊小华. 农村幼儿园数学活动的现状分析与改进策略[J]. 西昌学院学报(自然科学版),2013:149-152.

获得情况。在开展数学活动的过程中,应充分调动幼儿主动参与的积极性、发挥幼儿的主观能动性,真正做到幼儿是活动的主人。但是多数乡村幼儿教师在开展数学活动的过程中,注重知识的传授,忽视幼儿能力的培养,通常采用小学课堂模式进行教学,老师主导活动内容及安排,幼儿根据老师安排进行活动或学习、始终处于组织安排与实施的被动地位。老师以讲授为主,注重讲解演示,忽视幼儿的动手操作,幼儿坐着听讲,教师提问、幼儿回答,教师总结、幼儿模仿、记忆结果,数学活动中没有真正发挥幼儿的主体作用。

(四)活动材料缺乏

虽然农村地区有着丰富的自然科学资源,但是乡村幼儿教师在开展教育活动时很少能够紧密结合周边的环境,对农村环境中的自然材料、乡土资源加以有效合理地利用。以分类材料的准备为例:分类教育活动涉及的基本操作材料比较多,附属于乡镇中心小学的乡村幼儿园基本都是一个老师带一个班,从早到晚要照顾到孩子的方方面面,实在没有精力去准备充足的供幼儿活动操作的各种器材,教师在有限的时间内难以配齐这些操作材料。所以乡村数学教育活动中缺乏充足的可供幼儿操作的材料。

(五)家长对幼儿数学教育认识不够

农村家庭教育中家长的文化素质和教育素养普遍偏低,家长所受的教育少、文化底蕴差,乡村幼儿家长对幼儿数学教育缺乏正确认识,无法对子女进行适合的教育和指导。农村地区对幼儿早期教育存在两个误区:一是未意识到早期数学教育的重要性,只关注孩子的保育如吃穿住行方面。二是部分家长总认为,孩子还小不用学什么,孩子在家没人带,来幼儿园老师带着,让孩子吃饱,不要让孩子出任何问题就行了;另一部分家长在孩子数学的学习上又是过于急躁和片面,甚至出现"超前"教育观念,对幼儿数学启蒙教育可以说是一无所知,他们就关心孩子会从1数到几,孩子会做多少加减题,其他方面一概不问。忽视了幼儿自身发展的需要,可以说"会算几道题"是家长炫耀孩子的资本。

第六节
乡村幼儿园艺术领域(音乐)教育现状

音乐素养是学习音乐的综合素质,一般分为听辨、唱读、视奏、欣赏四项能力。结合《3—6岁儿童学习与发展指南》,本章将幼儿音乐的素养分为"感受与欣赏能力"及"表现与创造能力"。针对乡村幼儿园的实际条件和教育需求,本章将结合幼儿园音乐教育活动中的歌唱、韵律、欣赏三种音乐教学内容阐述相关理论及案例,为乡村幼儿园提升幼儿的音乐素养提供可行性的参考。

一、乡村幼儿音乐素养发展特点

由于乡村幼儿园自身条件有限,教育环境及音乐设备较为匮乏,普遍缺乏学前教育专业的老师,尤其擅长幼儿音乐教育的教师更是少之又少,乡村幼儿虽喜爱音乐但却存在着缺乏正规的音乐技能练习、缺乏音乐艺术熏陶、缺乏丰富多样的音乐教育形式等问题。

基于各方面的原因,乡村幼儿音乐素养发展也受到了阻碍,特点如下。

(一)音乐学习兴趣

音乐学习兴趣是学习音乐的动力,是保持学习音乐过程中积极心态和愉悦体验的基础。

乡村幼儿天性自然,喜欢并乐于模仿生活中及自然中好听的声音,喜欢听音乐、舞蹈和音乐游戏,乐于参与各类音乐活动。加之乡村幼儿生活的环境中,自然资源及民间音乐资源丰富,比如儿歌《青菜青》《老鼠娶亲》《牵牛花》《过年啦》等等,乡村幼儿随口就可以唱上几首。也正是因为他们参与音乐类活动的机会较少,这些学习便显得尤为珍贵,他们在音乐活动的参与过程中积极专注,展现出天然的快乐。听到音乐时就会不自觉地哼唱和舞蹈,体现出浓厚的音乐学习兴趣。

(二) 音乐情感体验

所谓音乐情感体验,是指在音乐欣赏、演奏或演唱的过程中引起的一系列情感反应。欣赏(学习)者在情感体验中与音乐产生共鸣,并从中得到音乐的陶冶,幼儿的音乐情感体验是在倾听、歌唱、律动、节奏中逐渐形成的。

幼儿音乐情感体验的丰富与幼儿对于音乐的感受息息相关,乡村幼儿接触的音乐形式较为单一,缺乏全面的音乐熏陶,故音乐情感体验不够丰富。他们参与多种类型音乐活动的机会较少,尤其音乐欣赏及音乐表现方面的活动更为缺乏,导致对于音乐的感受和体验经验严重不足。但乡村幼儿接触乡土民间音乐的机会比较多,对于带有本地域和本民族特色的音乐素材比较容易理解和感受。比如傣族儿歌《捉迷藏》《大象》,彝族儿歌《阿依叽叽》《一朵云》,藏族儿歌《小卓玛》等。

(三) 音乐表现与创造能力

音乐表现与创造能力,是音乐素养的具体表现。包括节奏表现、歌唱表现、动作表现、创造力方面等。乡村幼儿节奏表现方式较单一,大多数以ＸＸ的拍手方式来表现单一的拍子,缺乏用其他肢体动作表现不同节奏型的练习,比如二八节奏ＸＸ ＸＸ,前八后十六节奏Ｘ ＸＸ　Ｘ ＸＸ,前十六后八节奏ＸＸ Ｘ　ＸＸ Ｘ,四十六节奏ＸＸＸＸ ＸＸＸＸ;歌唱表现方面,乡村幼儿在唱歌时普遍不能掌握科学正确的方法,用自然的声音演唱歌曲,经常出现喊叫的情况,声音缺乏美感并且易损伤他们稚嫩的声带;动作表现方面,乡村幼儿对于规范的舞蹈动作掌握较差,动作表现较为单一,可以加强基本舞蹈动作的练习,比如踮脚、绕腕、颤膝、摇臂等;创造力方面,由于基本技能的缺乏,幼儿在创造力的表现上也很弱,因此要引导乡村幼儿在掌握基本技能的同时去提升其音乐创造力。

二、乡村幼儿音乐教育存在的问题[①]

乡村幼儿园大多师资力量匮乏,严重缺乏幼儿教师,师幼配备比远远达不到国家标准。乡村幼儿教师本就教学任务繁重,音乐教育对于乡村幼儿园来说已然成了"边缘课程",教师更加没有精力去研究幼儿音乐学习的方法和途径。在乡村幼儿教师的队伍中,大多数教师并非学前专业毕业的学生,几乎是没有接受过正规的音乐教育培

---

① 包相宗.浅谈农村小学音乐教育现状及思考[J].读与写,2019:210.

训，且年龄过小或是较大，难以承担幼儿园的音乐教学工作，也无法教给幼儿正确的发声方法，无法为幼儿学习音乐伴奏或是编排幼儿舞蹈作品。这样的现状严重影响了乡村幼儿音乐教育活动的质量，其问题具体体现在以下六个方面。

(一)音乐教育重视不够

乡村幼儿园对于幼儿园音乐教育普遍不够重视。由于大部分乡村幼儿园都附属于当地的小学，从学校到家庭都认为音乐教育也就是唱唱歌、跳跳舞，对于孩子的"成材之路"是可有可无的，宁愿老师多教几道数学题或多认几个字。而幼儿园对于音乐教育的理解较浅，也认为只是唱歌跳舞，忽略了美育(音乐)对于一个人全面发展的重要性。

(二)教师音乐素养普遍较低

幼儿园音乐教育相较于其他领域教育更需要教师具备较强的专业素养。没有接受过音乐教育的人员难以开展相关的教学活动。要发展幼儿园音乐教育，关键是要有一支稳定的、专业化强、富有吃苦创新精神的教师队伍。而现实中乡村幼儿园严重缺编且工作条件辛苦。据调研，除了特岗招收的极少数学前教育专业人员，目前在云南乡村幼儿园任教的老师多为非学前教育专业，大部分是职高学前专业毕业的学生或是小学转岗的教师及临聘人员，严重缺少年轻教师。他们自身没有接受过专业的音乐技能学习，音乐素养较低，导致目前多数乡村幼儿园难以开展音乐教学活动，这也是乡村幼儿园面临的最为突出的困难之一。

(三)教育目标制订不当

乡村幼儿园音乐教育活动在目标的制订上主要存在以下两个问题。

问题一是目标意识欠缺。偏重知识技能或者偏重情感态度，目标制订不全面。比如小班歌唱活动"大象"：目标一，感受歌曲悠扬、缓慢的情绪和节奏，学唱歌曲《大象》；目标二，用自己喜欢的动作进行"大象戏水"的创编。这样的目标制订就是偏重于知识技能，不够全面。

问题二是目标范围过大。目标制订过于宽泛导致针对性不强，比如将"培养幼儿音乐素养""提升幼儿学习品质"这类的语句作为目标，不能突出活动要解决的问题。

(四)教学内容不完整

由于教师音乐素养较低,其在教学内容的选择上也是"怎么简单怎么来",基本上都是选择歌唱作品的内容进行教学,韵律、欣赏及打击乐类的音乐教育内容严重缺失。歌唱教学方面,多选择简单且幼儿较为熟悉的歌曲,比如《我的好妈妈》《小星星》,缺乏凸显时代性且多元化作品的选择。韵律教学方面,也是以儿童简单律动为主,缺乏不同风格及形式的内容选择。欣赏类活动基本很少,主要会采用一些世界名曲给幼儿进行欣赏,鲜有以其他类型的音乐作品作为欣赏内容进行教学。打击乐活动因为乡村幼儿园硬件设施的匮乏更加难以开展且缺乏同类型的内容来对幼儿的节奏感进行针对性的提升。

(五)教学方法单一

在教学方法上,乡村幼儿教师普遍更注重的是"教师如何教",忽略了"学生如何学"的关键点,通常会应用比较常规的教学方法进行教学。比如歌曲会采用"逐句教唱法"进行教学,让幼儿在"师一句,幼一句"重复教唱过程中学习歌曲;舞蹈多以"视频教学法"进行教学,老师会选取一些律动或舞蹈的视频进行语言指导,让幼儿自己模仿视频中的动作。在教学方法上缺乏"引导教学法""游戏教学法""体验式教学法"和"探究式教学法"的应用。教师要充分利用乡土资源,将游戏与音乐教学相结合,尤其将民间游戏引入到幼儿园音乐教学中,不仅贴近幼儿的实际生活,还有助于乡村幼儿对音乐教育更充分地理解与感受。

(六)音乐教育硬件设施缺乏

音乐教育硬件包括音乐功能室、多媒体设备、各类乐器道具等。大部分乡村幼儿园没有钢琴,条件好的部分乡村幼儿园能做到一班一琴,其他只能使用一体机或者播放器进行教学。教育硬件的缺乏导致乡村幼儿园难以开展高质量的音乐教育活动。

第七节
乡村幼儿园艺术领域(美术)教育现状

一、乡村幼儿美术素养发展特点

幼儿美术素养是指幼儿在各种美的熏陶下形成的美术方面的感知、想象、思维、表达、设计、创造以及审美等方面的意识和能力,及其所伴随的情感、意志、态度等个性品质,主要体现在图像识读、美术表现、审美判断、创意实践和文化理解等方面。学前阶段幼儿具有无拘无束、天马行空的想象力,这一阶段的美术教育应该是以感受、欣赏美和表现、创造美为核心素养的艺术启蒙教育,但是这种启蒙教育往往比教授某种技能更加困难,在环境中潜移默化幼儿能更充分地感受身边的美并学习大胆地表现与创造。乡村这一特定的自然环境与人文环境使乡村幼儿具有得天独厚的美术教育资源和特点。通过问卷调查等方式依据幼儿美术核心素养,本章节将从感受与欣赏能力和美术表现与创造能力两个方面对乡村幼儿美术素养的发展特点作如下总结。

(一)感受与欣赏

1.亲近自然、感受自然的差异性

乡村的孩子具有"亲自然"的良好条件,他们喜欢大自然界并能充分地亲近大自然,喜欢看花草树木、日月星空等大自然的美景、并乐于表现大自然的色彩形态特征。乡村里丰富的花鸟鱼虫也是他们的伙伴,因此,相较于城市里的孩子他们能更直接地游走在大自然的山水间,充分阅读大自然这本美丽的书,能从大自然里获得更多的直接经验。

2.幼儿美术方面的审美感知、审美想象和审美情感表达经验差异

与城市的幼儿相比较乡村的幼儿因审美经验受限,对于美术的审美感知大多停留在视觉知觉的表达范畴内,如"感觉红红的小花像太阳一样红",习惯停留在视觉联

想的表达上;而城市的幼儿在多元的美育熏陶下能更为完整地通过多种通道感知、表达自己的审美感受。如感觉到画面里的音乐声(视听联觉),感觉到画面里的坚硬(视触联觉),感觉到画面里的酸甜(视味联觉)等[1]。

(二)表现与创造

1.在美术的表现力方面的差异性

从美术材料上看乡村幼儿天然的美术学习材料比较丰富,如鹅卵石、各色泥、植物染料、树枝、树叶等很容易收集;城市的幼儿各种质地的纸、笔和美工、绘画材料更为丰富。从美术的表现方式上看,城市幼儿经验更丰富。绘画方面,如:对于色彩的平涂、叠涂、间隔涂、过渡涂;色彩的对比、节奏等技能运用。手功能方面,如:多种材料和技能的综合运用能力。

2.想象与创造能力的差异性

乡村的幼儿能运用绘画、手工制作等表现自己观察到的事物,但在想象和运用自己制作的美术作品布置环境美化生活方面与城市的幼儿有明显的差距。这与乡村教师和家长对幼儿作品的评价方式、标准以及支持和理解程度有着直接的关系。在问卷调查中,也反映出乡村的幼儿更擅长临摹、写生,但在主题绘画和想象绘画时就不够大胆。而城市幼儿更乐意参与的是意愿画、主题绘画等这类想象空间较大的绘画活动。

二、乡村幼儿美术教育存在的问题

由于乡村幼儿教育不侧重美育,幼儿美术素养培养得不到足够的重视,教师普遍存在美术专业知识匮乏、缺乏美术教学经验等问题,老师和家长在美术活动评价中普遍存在重技能轻创造,重结果轻过程的意识。同时硬件设施缺乏也是教师不能很好地开展多元、丰富的美术活动的一大原因。教师专业知识的匮乏,导致幼儿美术技能得不到系统的引导与培养,在启发幼儿想象力方面没有良好的意识和足够的经验。教师对于美术欣赏、绘画和美工等活动设计缺乏系统的学习。如根据幼儿年龄特点循序渐进地提高幼儿绘画、泥工、纸工、综合运用材料等能力的办法不多,部分乡村教师面对班额大、有混龄教学情况缺乏有效的措施和方法。具体表现如下。

---

[1] 孔起英.幼儿园美术领域教育精要 关键经验与活动指导[M].北京:教育科学出版社,2015:81.

(一)美术教育资源单一

美术作为人类的一种文化现象,总是同一定的社会、民族、地理、历史、文化等因素相适应,作为具有人文性的美术教育毫无疑问地应该体现和遵循美术的这一规律,使之能适应不同地域、民族、文化的需要。而现实的状况却并非如此,美术课程的设计往往是以地区为单位,在理论和实践上都没有处理好文化差异的问题,给农村的基层美术教育制造了难以完成的"标准"和"导向",也没有真正做到美术教育的多元化。乡村教师缺乏整合美术教育资源的意识,使丰富的乡土资源如自然、人文的美术乡土资源等得不到合理的挖掘和利用。

与城市的幼儿相比,乡村幼儿美术材料成品有限。城市的幼儿的各种绘画材料可以说应有尽有。笔:水彩笔、油画棒、炫彩棒及各色软笔……纸:水粉纸、水彩纸、彩色卡纸、宣纸、刮画纸、砂纸、牛皮纸、彩色包装纸……颜料:琳琅满目的流质颜料、固体颜料……乡村幼儿由于学校、家庭、生活环境的局限,能拥有足量的常规画纸和水彩笔、超轻黏土、胶水就已经很不错了,加之对自然资源挖掘不充分所以美术材料较为单一。

(二)教师目标定位不准

由于乡村教师对幼儿美术素养、关键经验以及各年龄段核心经验、美术活动的类型等专业知识的欠缺,常常在活动中出现目标定位不准确等问题,致使乡村幼儿美术素养滞后。如:因为乡村教师缺乏对美术欣赏活动中核心经验的理解,乡村的幼儿缺乏从感知到想象再到情感激发的一个完整的艺术经验积累过程。老师不能敏锐地捕捉孩子们的经验,并支持他们获得美术欣赏活动中的关键经验。又如:怎样引导幼儿从欣赏对象中感受点、线、面的造型;感受色彩的变化,体会对比色、近似色、渐变色以及色彩的情绪、构图等。由于教师美术专业知识的匮乏,活动设计目标不明确,教师不能有的放矢、系统地开展幼儿美术教育活动。

(三)教学内容、形式选择狭窄

"农村幼儿园课程活动的现状是:幼儿教师生态教育观念淡薄,课程内容'城市化''小学化'倾向严重"(庄新宇《农村幼儿园课程与资源·美术》,南京师范大学出版社,2019)不能充分地运用乡土资源开展课程。乡村美术老师因为缺乏幼儿美术专业知识和经验以及有针对性的乡村幼儿美术课程的培训,所以相对成熟的城市幼儿美术课程和小学美术课程成为乡村幼儿老师的主要教学参考，或者拿来就用。因此很多乡村幼儿美术老师不具备针对本土资源和幼儿实际开展美术教学的能力。

通过问卷调查发现乡村美术教学大多以绘画教学为主，手工教学为辅，美术欣赏活动无论是作为集中教育活动还是在绘画和美工活动中都是很缺乏的。在乡村幼儿美术教学活动美术欣赏的过程中，因为美术专业素养的缺乏，教师不能充分地理解其核心经验即审美感知、审美感知想象和审美情感，也不能有效地支持幼儿在欣赏过程中获得核心的审美经验。如：对整体画面的情感体验，对形象动态的想象，对画面色彩的感知和想象以及对自己生活的联想等。

乡村美术教师大多缺乏将欣赏、绘画、美工融合引导幼儿综合运用美术材料以及丰富的绘画语言的意识。在乡村幼儿的美术作品中绘画与手工界限分明，一幅作品常常是一种材料用到底，教师缺乏引导幼儿积极地、创造性地根据自己的需要融合使用各种美术方式和材料的意识。

(四)评价方式单一

在调查问卷中很多乡村老师反映不知如何启发孩子的想象力，一个优秀的教育活动中幼儿的反思能力与教师的反思能力同等重要。在评价活动中，大部分的乡村教师习惯教师主导的单向评价或在孩子的互评中看不到孩子优质的反思和欣赏能力，不能及时准确地捕捉并肯定孩子的想象力。

在家园联系方面缺乏与家长的沟通，在对幼儿美术教育以及幼儿作品的认知与评价方面不能很好地达成共识也是幼儿表现与想象受限的重要原因。家长和老师的评价常常会成为孩子努力的方向，如果家长和老师对孩子的作品评价仅是停留在"画得像""涂得整齐"等这些技能层面上，忽视倾听幼儿感受、尊重幼儿想法和表达方式，那乡村幼儿与大胆的美术想象、创造之间将永远都有一道不能逾越的鸿沟。

第三章 乡村幼儿园健康领域教育活动组织与指导

学习目标

◎ 促进幼儿身心健康的活动组织与指导。

◎ 优化幼儿动作发展的活动组织与指导。

◎ 改善幼儿生活习惯和生活能力的活动组织与指导。

思维导图

- 乡村幼儿园健康领域教育活动组织与指导
  - 乡村幼儿健康发展关键经验与教育策略
    - 乡村幼儿健康发展关键经验
    - 乡村幼儿园健康领域教育活动组织指导策略
  - 乡村幼儿园健康领域教育活动设计与组织
    - 促进幼儿身心健康的活动设计与组织
    - 促进幼儿动作发展的活动设计与组织
    - 提升幼儿生活能力和安全教育的活动设计与组织

"保护儿童的生命、促进儿童的健康"是幼儿园工作的首要任务,健康教育关系着幼儿一生的健康成长和发展。幼儿园教师通过健康教育,有目的、有计划、有组织地帮助幼儿掌握健康知识,核心是调动幼儿的自我保健的主体意识,改变幼儿对健康的认识、改善其健康的态度,形成健康的行为,如养成良好的、积极健康的生活方式和行为方式,在身体素质、心理健康和适应力方面获得成长,从而能够身心健康地、和谐地发展。这对学前儿童实施健康教育有非常重要的意义和价值。幼儿园教师只有认识到健康对于乡村儿童未来发展的重要性,才能在健康教育的实践中穷尽所能地帮助儿童及其家庭,实现幼儿园工作的重要任务,为儿童未来生活谋福祉。

本章拟在调研的基础上,针对乡村幼儿园健康领域教育的现状和问题,为教师提供促进乡村儿童身心健康、动作发展,养成生活习惯和生活能力,提高自我保护能力的活动指导建议。

第一节
乡村幼儿健康发展关键经验与教育策略

一、乡村幼儿健康发展关键经验

(一)促进幼儿身心健康的关键经验

1. 与体质健康相关的经验

良好的运动习惯;良好的睡眠习惯,包括入睡速度快、睡眠时间充足、有规律睡眠、睡姿良好等;良好的身体姿势,包括站、行、坐、卧的正确姿态。

2. 与适应能力相关的经验

适应自然环境的经验:适应气温的冷暖、饮食和睡眠、时间及其变化、周围环境的突变。

适应社会环境的经验:对群体的适应、对人际交往的适应、对社会规范的适应。

3.与情绪相关的心理健康关键经验

情绪安定愉快、与人友好相处、良好的自我意识。幼儿期培养积极的情绪体验将有助于他们形成良好的情绪反应模式和习惯。[①]

(二)促进幼儿动作发展的关键经验

1.与身体控制和平衡能力相关的运动经验

动态平衡经验:窄道移动、旋转;在晃动的或者活动性器材上跑、跳、翻滚、旋转;缩小自身支撑面的行走;闭目移动;让器材在身体上保持平衡、跳跃中保持平衡;等等。

静态平衡经验:在走、跑、跳时骤停,练习保持身体平衡。用脚尖站立、单脚站立、侧身平衡、支撑和悬垂、燕式平衡。

2.与身体移动能力相关的运动经验

身体移动是指独立和安全地将自己从一处移动到另一处,是身体在空间上移动的技能,也是一项基本的运动技能,包含走、跑、跳、攀登、钻爬等技能,需要平衡、协调、力量、耐力、灵敏等身体素质作为基础。

3.与器械(具)操控能力相关的运动经验

器械(具)操控是指儿童通过拍、投、抛、接、踢、击、顶、踩、踏等各种动作操作和控制大小、重量适当的器械(具)以达到游戏的目的,进而实现运动能力的发展。[②]它是基本运动技能的核心,在许多项目中都很重要,例如棒球、网球等运动的核心部分之一就是抓握和操纵能力。

4.与操控器具相关的精细动作经验

主要包括手部动作的灵活协调和使用工具,如使用小勺、筷子、串珠、剪刀等,以及在此基础上实现的绘画、写字及生活自理动作。

---

① 柳倩,周念丽,张晔.学前儿童健康学习与发展核心经验[M].南京:南京师范大学出版社,2016:288.
② 柳倩,周念丽,张晔.学前儿童健康学习与发展核心经验[M].南京:南京师范大学出版社,2016:146.

(三)改善幼儿生活习惯和增加生活能力的关键经验[①]

1. 生活习惯

生活习惯主要包括生活卫生习惯、学习卫生习惯及公共卫生习惯。

2. 生活自理能力

生活自理能力主要包括自己可以穿脱衣服、鞋袜,收拾整理衣服,独立进餐、自己洗脸等。

3. 幼儿安全意识和能力

安全意识和能力的知识包括对自我身体的认识、生活中的安全知识,对自然灾害等意外事故的认识等;自我保护能力包括紧急制动、躲闪能力、追逐、寻求帮助等;心理自我保护能力包括陶冶性情、挫折的自我调节、社会的适应力等;意外事故自我保护能力包括防(自身)丢失、防拐骗和防伤害、灾害自护。

二、乡村幼儿园健康领域教育活动组织指导策略

(一)幼儿健康领域教育活动制订目标的策略

幼儿健康教育活动目标是目标体系中最具体的,它是完成健康教育目标、体现幼儿园健康领域关键经验的执行路径。教育活动制订目标主要分为以下三个方面。

(1)把握健康领域教育的总目标和年龄的阶段目标。《纲要》对目标的表述与要求侧重教育的角度。《指南》更关注从儿童学习的视角进行阐述,把握3—6岁每个年龄阶段的目标能为具体的健康活动设计提供依据。

(2)深入分析研究教材和幼儿原有的经验水平。要充分地研读材料、分析材料,对材料所蕴含的意义和对本年龄段幼儿的发展作用有一个比较深层的挖掘和思考。同时需要掌握本班幼儿原有的经验,在此基础上再进行目标设计。

(3)活动目标制订既要面向全体,又要适应个别需要。确定活动目标时需要考虑让目标有一定的弹性,首先要明确完成的最低标准,即下限,必要时可规定完成目标的上限。

[①] 叶平枝.幼儿园健康领域教育精要:关键经验与活动指导[M].北京:教育科学出版社,2015:170-192.

(二)幼儿健康领域教育活动选择内容的策略

(1)明确内容是为目标服务的,内容的选择要与目标、关键经验一致。

(2)幼儿园健康教育内容不仅仅包括学科的知识,还包括幼儿在学习过程中形成的态度、价值观以及相应的行为方式。

(3)具体内容可包含:身体健康(身体形态结构、身体机能、身体素质、营养与饮食)、心理健康、适应能力、动作发展、生活习惯和生活能力、安全能力。

(三)组织活动常用的教育策略

(1)示范法或模仿性学习。模仿性学习是幼儿学习动作技能的重要方法,教师应采用直接或间接的教学方法为幼儿提供示范,使其能够进行模仿。需要教师们特别关注的一个要点是,我们准确示范动作给幼儿并不是让他们精准地模仿,以尽快掌握这个动作的标准姿势,而是帮助他们建立一个动作概念,然后自己练习,慢慢地掌握动作要领,趋于"标准"。因此我们切不可操之过急,试图让幼儿通过一次活动或一次练习就准确掌握动作,更需要的是不断创造机会给孩子练习。示范—模仿的方式在健康领域的其他教育内容中也是常见的教育策略。

(2)语言提示的针对性练习。对于动作开始进入控制阶段的幼儿来说,语言提示能够帮助他们理解身体移动的动作要领,提高移动的质量。比如,幼儿跑步时,应提示他们"步子大些,落地轻些",同时学习用鼻子呼吸;在指导攀爬时,提示幼儿手握横木的正确动作;在幼儿练习侧面钻时,提示"身体侧对钻圈、低头、弯腰、紧缩身体"等等。提示的核心词汇主要有:开始、停止、快、慢、前、后、跑、安全、摆动手臂等。

(3)探究法。这是一种发散式问题解决的方法,分为教师设置任务—幼儿进行探究—教师观察与评价—幼儿根据评价结果进行深入探究和练习等步骤。教师在运用这类教学法时并不演示动作,而是鼓励幼儿模仿创造且不要求最佳答案。但在运用过程中教师需要接受幼儿的各种回应、鼓励幼儿进行不同的尝试,同时也要注意帮助他们提高,或者改善,切不可流于形式地尝试探究。在生活能力的培养方面,探究法也是广为使用的教育方法。

(4)教师指导下的发现法。这是在教师提出的任务要求下,引导幼儿发现解决问题的要领,教师指导孩子聚焦于正确答案。比如,在认识前滚翻时教师必须向幼儿提出挑战而不是仅仅向孩子展示这项技能。如:用手和脚支撑身体,展示倒立的姿势;保持倒立的姿势向后看;在双腿之间看向天花板,并尝试最大限度地看向天花板;尝试在倒立的姿势下向前翻转身体;是否可以多做几次。

(四)幼儿健康经验获得的途径及指导策略

1. 生活活动

(1)生活习惯和生活能力的培养。教师需要关注的重点应是日常生活的教育。乡村幼儿园对幼儿生活习惯和自理能力的培养是一个难点,教师更需要着眼于儿童未来生活的目标,在生活中处处关注幼儿习惯和自理能力的养成教育。同时转变思路,以"小手牵大手"的教育方式,更加关注幼儿已养成、学习和掌握的能力在家庭生活中的运用、在幼儿园生活中的运用,使幼儿不断在行动中能呈现良好卫生习惯的意识、掌握自己照顾自己的能力。

(2)安全意识和自我保护能力。教师需要特别关注在日常生活中对幼儿进行随机教育和培养,首先在日常生活中如上下楼梯、自由活动、就餐等等,都需要教师有针对性地对幼儿进行自我保护教育。其次是抓住偶发事件、突发事件(也是较好的教育素材)对幼儿进行自我保护教育。再者,对于乡村幼儿,尤其是留守儿童,教师还需要特别给予幼儿情绪情感上的安全感。教师可以经常用牵手、拥抱等身体接触,给幼儿确定的安全感,让幼儿确定自己是被关爱的。最后是对于乡村幼儿教师来说需要特别关注的是实现安全教育模式逐步转变,重在提高幼儿的自我保护能力,由急救型向预防型转变,以减少农村儿童人身安全悲剧的发生。

(3)心理健康教育。作为乡村幼儿教师,首先自己要保持良好的心态,以积极的情绪感染幼儿,对于缺少父母陪伴的幼儿,更需要细致地观察和体悟幼儿内心的需要。在日常的生活中,引导幼儿积极乐观地看待自己和他人、发现自己的优势,做自己做得好的事情,并用积极的方式评价他人,看待他人所做的事情。另外,充分利用网络信息手段,帮助幼儿与远在外地的父母经常"见面""聊天"等,让孩子感受到父母对自己的关心和爱,这一策略在当下留守儿童问题突出的时代显得特别重要,也非常值得乡村幼儿园在促进留守儿童心理健康成长方面探索。

2. 教育活动

专门的教育活动有体育活动和其他健康活动,如安全教育活动、心理健康教育活动等。

主题活动可围绕一些关键经验设计目标以及主题系列活动,实现从认知到态度再到行为的转化,能够比较有效地使幼儿获得关键经验,如"我会坐"的主题设计依据关键经验而对"正确的坐姿"进行设计。

渗透于其他领域活动的健康教育是贯穿所有领域重要的内容,只有在其他领域活动中注意渗透,才能更好地达到教育效果,如在剪纸手工活动中包含"小肌肉发展"的关键经验。

3.游戏活动

教学活动游戏化。无论是日常活动、集体教学还是区域活动,都要根据幼儿的特点游戏化,利用幼儿喜欢游戏的心理提高幼儿参与教师发起的非游戏活动的主动性和积极性,如体育活动游戏化是教师常用的方式。

幼儿的自发游戏。要敏感地发现并珍视幼儿自己发起的非结构化游戏,并积极地支持与引导帮助幼儿积累活动健康领域的关键经验。

4.其他活动

区域活动。幼儿园可根据本园的特点创设户外体育活动区域,如综合体能区、自然野趣区、篮球区、攀爬区、小车区、钻爬区,兼顾幼儿走、跑、跳跃、投掷、攀登、钻爬、平衡、悬垂等基本动作技能,还可以创设生活区,学习洗手、穿衣服等生活技能,创设安全区,学会自我保护、遵守规则等。

家园共育活动。积极争取与家长一起进行家园共育是健康领域教育中培养习惯和规范行为等关键经验特别重要的途径。

社会活动。如开展远足、自然教育等活动,获得身体运动等关键经验,通过真实情境演练获得不走失、不被骗等安全教育方面的关键经验。

(五)乡村幼儿园开展健康领域教育的环境及资源利用的策略

在开展健康领域教育活动时,乡村幼儿园比较突出的问题是由于受经费的限制,各类资源比较缺乏,如体育活动器材、家长资源等。在目前的条件下,可考虑利用以下资源。

(1)网络媒体资源或教材媒体资源。多媒体介质的具体形象与生动性对于幼儿的学习有较好的促进作用,教师可利用网络搜索或者直接使用教材辅助的多媒体资源学习健康领域中关于学科知识的内容,如安全教育、身体机能等内容。

(2)家长资源的合理利用。乡村幼儿家庭中父母大多不在幼儿身边,尝试使用电子产品中的视频、语音方式开展健康教育活动也是非常实用的。

(3)园内资源的利用。如可以注意科学合理地布局场地,按照不同的动作划分区域,分成走跑区、跳跃区、攀登区、钻爬区等;也可以有相对灵活的区域,在平整的场地上通过投放大小不同的半成品、低结构器材,让幼儿在创造性建构过程中开展活动。

(4)自然资源的利用。乡村幼儿园拥有城市幼儿园不可多得的自然资源,如广袤的农田、树林、果园、小溪、平整的天然草地,因此乡村幼儿教师应更多考虑挖掘和利用大自然的优势,创造出多种多样的体育活动环境,加工利用各式天然材料,优化、丰富幼儿的体育活动,从而创造出独特的具有乡村特色的体育活动。如草地、土地、小路、大树、树林等,可以练习跳、双脚攀登、赤足走、平衡、绕障碍跑、摸高等。

第二节 乡村幼儿园健康领域教育活动设计与组织

一、促进幼儿身心健康的活动设计与组织

(一)设计与组织要求

有关幼儿身心健康的教育活动内容涵盖幼儿健康体态(食、睡、体姿)、情绪以及对自然环境和社会环境的适应能力,如前所述,生活活动是比较合适的教育途径,但也有部分较有价值的内容可以用于开展集体教育活动。下面以心理健康活动为例说明此类活动的设计及组织要点。

在专门的集体教育活动中,幼儿心理健康教育活动在设计和指导时需要关注活动目标的确定、内容的选择、过程的精心设计,以及适宜的教学方法的选择。

(1)在活动目标方面:确定幼儿心理健康教育活动的活动目标,就是挑选所要练习的幼儿的某一心理素质或心理特征。特别注意在一次教育活动中,不贪多内容,面面俱到反而容易让幼儿无所适从。如小班心理健康活动"我好害怕"的目标就是害怕的感觉人人都会有,愿意大胆地说出自己内心的恐惧;能够想办法消除害怕的心理,

尝试战胜害怕。

（2）在内容选择方面：心理健康教育活动需要根据幼儿的心理特点和知识水平进行内容的选择。比如对问题的解决——"我想爸爸妈妈了，我很生气"；对情绪的识别——"心情预报"；应对挫折——"如果我失败了"等。

（3）在活动过程的设计方面：与其他教育活动设计一样，心理健康教育活动需要注意避免教师的说教，在导入环节更多需要调动幼儿原有的经验，或引发情感的共鸣，使幼儿有兴趣参与接下来的每一个环节。如可以采用情境的营造、再现，或故事吸引、或问题激趣、或表演等各种方式。在展开部分要考虑环节的先后铺陈，考虑如何提问引发幼儿的思考，考虑采用什么手段和方法激发幼儿积极主动地参与活动。如角色代入的心理体验、讨论、总结等。在结束部分，需要关注生活中什么情境可以运用方法帮助自己。教师可以在日常生活中，真实情境下敏锐地观察并指导幼儿运用策略。或者创造机会、创设环境促使幼儿运用。这种延伸方式能较好地提升集体教育活动的效果，使幼儿真正理解并有效地运用学到的方法帮助自己。

（4）在教学方法方面：如前所述，幼儿心理健康教育活动依赖于师幼的共同活动而进行，因此情境演示、讲解说理、游戏、讨论评议、示范等都是可使用的教学方法。

（二）案例与评析

中班心理健康活动：再也不怕黑

活动设计	活动评析
设计意图	睡觉"怕黑"是很多孩子会遭遇的恐惧，但很多时候成人都容易忽略孩子的感受，特别是乡村幼儿园里有很多留守儿童，孩子们在这方面更缺乏成人的理解和关注。依据《指南》中对幼儿情绪健康的目标要求，特设计此活动，通过用故事角色引发孩子怕黑的感受，引导孩子表达出自己的感受，同时也学习方法帮助自己克服害怕的心理。	该活动设计的意图明确，紧紧扣准乡村儿童的情感需求，以及《指南》中对儿童心理健康的关注，只有帮助儿童正视和疏导每个人都会或多或少存在的情绪表现，才能让孩子情绪安定、愉快。同时也简要分析该活动的内容以及运用的教学方法。

续表

	活动设计	活动评析
活动目标	1.通过故事和各种体验,了解黑夜并不可怕,并能用各种方法克服对黑夜的恐惧心理。 2.能在集体面前讲述自己一个人睡的勇敢经历或者讲出不敢一个人睡的原因。 3.通过创设情境,了解夜晚,乐意尝试一个人自己睡。	1.该活动的目标指向明确,通过科学分析生活中幼儿真实存在的"恐惧黑夜"的心理,帮助幼儿尝试安定情绪和保持愉快的情绪状态。 2.在表述方面关注了三维目标制订:解决了"要做什么"——了解让自己恐惧和害怕的原因并学会用方法克服;"怎么做"——故事和体验;"要达成什么"——尝试自己一个人睡觉。
活动准备	PPT、音乐、小鹿图片、调查表、黑屋、黑色隧道、怪物道具,营造黑暗的环境。	环境的准备和营造一方面容易激起孩子们的好奇心,另一方面也特别容易让孩子在真实中体验黑暗。
活动环节	(一)经验导入 1.观看PPT第1页:这是什么时候的情境?你发现了什么? 2.出示调查表:你们是一个人睡的还是跟大人一起睡的?为什么不敢?到底怕什么呢? (二)通过故事,引出独立睡觉的观点 1.出示小鹿图片:有一只小鹿也和你们一样,这是它第一次一个人睡,躺在床上怎么也睡不着…… 2.理解、释疑。 ——刚开始,小鹿为什么睡不着? ——后来呢,小鹿害怕什么吗? (三)大家来说一说"你会一个人睡吗?" 1.请一个人睡的幼儿说一说自己独自睡觉的经历。 2.启发:你刚开始的时候是怎么样的?现在呢?一个人睡觉舒服吗? 3.和不敢独立睡觉的幼儿聊一聊,现在他们敢自己睡觉了吗? 4.出示调查表,请幼儿说一说不敢独自睡觉的原因。 (四)帮助幼儿,并让他们敢于独立睡觉。	1.环节(一)较快地推进了情境中孩子们遇到的问题,直截了当、开门见山,直接把孩子带入了主题中、问题中。然后带着问题进入下一个环节。 2.环节(二)通过故事引出角色所经历的心理变化,该环节的设计是对环节(一)和环节(三)的承接,故事人物的心理状态和经历暗合了孩子的心理状态,巧妙地帮助孩子理解和梳理心理的变化过程。同时,环节(三)运用活动前的调查表和讨论,在轻松的交谈中表达自己的经历,展示出每个人不一样的产生害怕和恐惧的原因。这是对真实生活的尊重,尊重每一个人正常的心理反应和状态。

尝试战胜害怕。

(2)在内容选择方面:心理健康教育活动需要根据幼儿的心理特点和知识水平进行内容的选择。比如对问题的解决——"我想爸爸妈妈了,我很生气";对情绪的识别——"心情预报";应对挫折——"如果我失败了"等。

(3)在活动过程的设计方面:与其他教育活动设计一样,心理健康教育活动需要注意避免教师的说教,在导入环节更多需要调动幼儿原有的经验,或引发情感的共鸣,使幼儿有兴趣参与接下来的每一个环节。如可以采用情境的营造、再现,或故事吸引、或问题激趣、或表演等各种方式。在展开部分要考虑环节的先后铺陈,考虑如何提问引发幼儿的思考,考虑采用什么手段和方法激发幼儿积极主动地参与活动。如角色代入的心理体验、讨论、总结等。在结束部分,需要关注生活中什么情境可以运用方法帮助自己。教师可以在日常生活中,真实情境下敏锐地观察并指导幼儿运用策略。或者创造机会、创设环境促使幼儿运用。这种延伸方式能较好地提升集体教育活动的效果,使幼儿真正理解并有效地运用学到的方法帮助自己。

(4)在教学方法方面:如前所述,幼儿心理健康教育活动依赖于师幼的共同活动而进行,因此情境演示、讲解说理、游戏、讨论评议、示范等都是可使用的教学方法。

(二)案例与评析

中班心理健康活动:再也不怕黑

	活动设计	活动评析
设计意图	睡觉"怕黑"是很多孩子会遭遇的恐惧,但很多时候成人都容易忽略孩子的感受,特别是乡村幼儿园里有很多留守儿童,孩子们在这方面更缺乏成人的理解和关注。依据《指南》中对幼儿情绪健康的目标要求,特设计此活动,通过用故事角色引发孩子怕黑的感受,引导孩子表达出自己的感受,同时也学习方法帮助自己克服害怕的心理。	该活动设计的意图明确,紧紧扣准乡村儿童的情感需求,以及《指南》中对儿童心理健康的关注,只有帮助儿童正视和疏导每个人都会或多或少存在的情绪表现,才能让孩子情绪安定、愉快。同时也简要分析该活动的内容以及运用的教学方法。

续表

	活动设计	活动评析
活动目标	1.通过故事和各种体验,了解黑夜并不可怕,并能用各种方法克服对黑夜的恐惧心理。 2.能在集体面前讲述自己一个人睡的勇敢经历或者讲出不敢一个人睡的原因。 3.通过创设情境,了解夜晚,乐意尝试一个人自己睡。	1.该活动的目标指向明确,通过科学分析生活中幼儿真实存在的"恐惧黑夜"的心理,帮助幼儿尝试安定情绪和保持愉快的情绪状态。 2.在表述方面关注了三维目标制订:解决了"要做什么"——了解让自己恐惧和害怕的原因并学会用方法克服;"怎么做"——故事和体验;"要达成什么"——尝试自己一个人睡觉。
活动准备	PPT、音乐、小鹿图片、调查表、黑屋、黑色隧道、怪物道具,营造黑暗的环境。	环境的准备和营造一方面容易激起孩子们的好奇心,另一方面也特别容易让孩子在真实中体验黑暗。
活动环节	(一)经验导入 1.观看PPT第1页:这是什么时候的情境?你发现了什么? 2.出示调查表:你们是一个人睡的还是跟大人一起睡的?为什么不敢?到底怕什么呢? (二)通过故事,引出独立睡觉的观点 1.出示小鹿图片:有一只小鹿也和你们一样,这是它第一次一个人睡,躺在床上怎么也睡不着…… 2.理解、释疑。 ——刚开始,小鹿为什么睡不着? ——后来呢,小鹿害怕什么吗? (三)大家来说一说"你会一个人睡吗?" 1.请一个人睡的幼儿说一说自己独自睡觉的经历。 2.启发:你刚开始的时候是怎么样的?现在呢?一个人睡觉舒服吗? 3.和不敢独立睡觉的幼儿聊一聊,现在他们敢自己睡觉了吗? 4.出示调查表,请幼儿说一说不敢独自睡觉的原因。 (四)帮助幼儿,并让他们敢于独立睡觉。	1.环节(一)较快地推进了情境中孩子们遇到的问题,直截了当、开门见山,直接把孩子带入了主题中、问题中。然后带着问题进入下一个环节。 2.环节(二)通过故事引出角色所经历的心理变化,该环节的设计是对环节(一)和环节(三)的承接,故事人物的心理状态和经历暗合了孩子的心理状态,巧妙地帮助孩子理解和梳理心理的变化过程。同时,环节(三)运用活动前的调查表和讨论,在轻松的交谈中表达自己的经历,展示出每个人不一样的产生害怕和恐惧的原因。这是对真实生活的尊重,尊重每一个人正常的心理反应和状态。

续表

活动设计	活动评析
活动环节	1.怕从床上滚下来。 ——搬一张小床,幼儿自己操作,有什么好方法不让自己滚下床。 ——教师根据幼儿交流的内容播放PPT第2页。 ——小结:大家的方法真好,床边放几把椅子或枕头、被子,这样人就不会滚下床了。 2.怕怪物。 ——世界上真的有怪物吗? ——为什么会做噩梦,或是因为什么引起的? ——有什么好办法吗? ——播放小鹿故事里的怪怪的音乐,体验黑暗。 3.其他原因。大家一起帮着解决。 延伸活动:喊走害怕。 教师:现在,你们还害怕黑夜,还不敢一个人睡吗?这样,我们大声地把害怕的事情讲出来,并且告诉它"我不怕你"。老师祝你们每一个人都敢大胆、独立睡觉,都能睡得甜美!	3.环节(四)是对前面环节的深化,也是对幼儿经验的深化,用集体的智慧帮助每一个有恐惧黑夜心理的幼儿。不仅让所有孩子有共同的情感共鸣,更重要的是每个人从集体中获得智慧。这种心理氛围的营造让孩子感到温暖、感到有力量。 4.活动延伸部分运用了心理暗示的方法,在形式上帮助每个孩子克服恐惧和害怕。同时这也是心理治疗的一种方式,简单、有趣,作为活动的延伸非常有价值。

改编自《农村幼儿园课程与资源》[①]。

(三)拓展建议

(1)在心理健康教育的内容上,教师一定要注意选取和孩子生活经验相关的素材、真实碰到的问题,这样在情感上才能引发孩子的共鸣,甚至是建立对教师的信赖。对于人类正常的情绪反应,我们都应该学会去正视,挖掘出来成为教育活动的素材,从而形成孩子们情绪、情感正常的疏导路径。

(2)心理健康教育的一些方法运用需要教师们特别对儿童心理学进行深入的了解和研究,从中获取儿童心理的密钥,以及一些应对困境的解决办法,这些都是活动设计可以采纳的方法。因此,心理健康教育活动内容的选择和教学方法的运用等应该更多关注科学的方式,避免想当然的一些做法。

(3)延伸部分的"喊走害怕",乡村幼儿园可以利用更多有利的户外环境,如空旷的草地、树林、山坡等,让孩子尽情地喊、大声地喊,使其借助大自然的力量得到治愈。

---

① 丁琪,何峰.农村幼儿园课程与资源·健康[M].南京:南京师范大学出版社,2019:161-163.

（4）游戏的情境性、适切性、互动性、体验性和无意性可以使幼儿在接受心理健康教育时更加投入,提高学习的积极性,在设计与组织心理健康教育活动时应注意游戏情境的创设、游戏手段的运用。

二、促进幼儿动作发展的活动设计与组织

首先,幼儿园需要保证的是幼儿每天有充足的户外活动时间,即每天不少于两个小时,寄宿制幼儿园须保证三个小时,其中体育活动时间不少于一个小时。其次,幼儿园应因地制宜地利用园内外活动场地,为幼儿创设富有趣味且具备挑战性的户外活动环境,如小山坡、草坡、树木等。最后是应为幼儿户外体能活动提供丰富多样的活动材料,如窄木板、小推车或拉车、球等小型器材或自制体育玩具,以激发幼儿参与体育活动的兴趣。

(一)与身体控制和平衡能力相关的运动

1. 设计与组织要求

儿童身体控制和平衡能力是在各种体育活动中锻炼出来的,既可以通过专门的活动发展平衡能力,也可以在日常的走、跑、上下楼梯、舞蹈等各种活动中有意识地锻炼。在此过程中不仅需要关注力量、灵敏等身体素质,还要注意发展勇敢、沉着等心理素质。

幼儿园体育活动中的平衡练习常见的是走平衡木、走木桩、走吊桥,但这已经窄化了"身体控制和平衡能力"的内涵。这几个练习只是动态平衡锻炼中的"窄道移动"。幼儿的"身体控制和平衡练习以动态平衡为主、静态平衡为辅,遵循动静结合原则"。此外,在实践中我们较多关注的是走、跑等下支撑平衡,忽略了悬垂等上支撑平衡内容,幼儿的上肢力量和耐力等素质的培养也应引起重视。

2. 案例与评析

中班体育活动：凳子上的平衡

活动设计	活动评析
设计意图	中班幼儿在身体运动能力方面较小班有了较大的进步，特别是在控制身体动作和保持平衡方面。该活动根据中班幼儿的身体动作能力而设计走、跑骤停和板凳上站立的练习，有趣的动作能激起幼儿的参与的兴趣。再通过加大难度、具有挑战性的综合练习，能够提高4—5岁幼儿在走、跑、平衡方面的能力。	活动设计对幼儿原有水平进行分析，并在此基础上推动幼儿在动作发展方面的进步。依据《指南》中对幼儿动作发展的要求，平衡能力、动作协调灵敏均需要教师在日常的教育教学中注意组织集体教育活动、创设环境、提供材料进行练习。同时活动设计对中班幼儿有一定挑战，也能达成对幼儿不怕困难、敢于尝试的学习品质的培养。
活动目标	1.能听到信号迅速地在板凳上站立。 2.通过不同器材逐步加深难度的平衡练习，提高平衡能力。 3.敢于挑战在板凳子上站立的平衡练习。	1.目标的制订重点集中在身体控制和平衡能力的练习，说清楚了该活动"要做什么"，以及能达到什么样的程度。 2.明确了帮助幼儿掌握平衡能力的方式，有专门的动作练习，也有综合性的巩固运用练习。
活动重点	板凳上平衡、站立。	重点紧扣目标，以目标为导向抓住活动的重点以及练习的难点。
活动准备	幼儿每人一张小圆凳、塑料平衡块、平衡木、板凳、泡沫球、录音机。 场地布置：障碍设置塑料平衡块——板凳——平衡木。	每个幼儿均有可操作的材料，能够保证所有孩子参与。同时在备课准备阶段关注到了场地的布置，避免随意性。
活动环节	（一）教师带领幼儿做热身运动 1.走、跑交替。 2.模仿机器人做头部、上肢、下肢、脚部的关节肌肉活动。 （二）挑战平衡——站凳子游戏 1.游戏1：每人一张凳子，选择一个地方听信号绕自己的凳子走，当听到教师哨响时迅速双脚站立在凳子上。 2.游戏2：听信号后绕自己的凳子跑圈，当听到教师哨响时迅速单脚站立在凳子上。	1.活动结构完整，符合集体教育活动的整体框架要求，前有热身准备活动，为运动做好安全保护；后有放松活动，保证身体节律的调整。同时，教师也能注意运用一定游戏化手段，如模仿机器人。 2.活动环节（二）是活动目标1的具体落实。主要关注的关键经验是身体控制和平衡，一是听信号绕圈走、跑，然后站立，就是典型的动态平衡练习。能够控制好动和静。二是双脚站立和单脚站立，由易到难地练习静态平衡。这样动静交替的动作对于中班幼儿来说是非常有意思、有挑战的游戏，能够激起孩子们的兴趣。

续表

活动设计	活动评析
活动环节 (三)平衡循环练习——运球游戏 游戏规则： 1.幼儿分成两组，听信号从起点运球至终点，最先完成的小组为胜。 2.每个幼儿从球筐拿球。 3.能在平衡木中带球不掉落者可获得一张贴纸作为奖励。 (四)放松运动 1.听音乐做"擦汗""甩手""互相捶背"等放松运动。 2.教师引导幼儿进行总结。	活动环节(三)是目标2的具体落实。这个属于综合性的平衡练习，教师根据幼儿先前具有的平衡经验，加入了平衡块、平衡木与凳子的组合障碍，给孩子的练习增加了难度和趣味性，目的在于对环节(二)的学习进行运用式的练习。 环节(四)中的总结可以帮助教师了解孩子们练习中可能还存在的问题和困难，以便今后的调整。同时幼儿参与总结也能提高其在体验之后对经历的语言表达能力。

3.拓展建议

(1)关于材料。练习平衡能力的材料多种多样，除了板凳外，教师还可以选择其他材料替代。详见以上"活动准备"部分。

(2)关于内容和途径。练习身体控制和平衡能力的内容应注意拓展，动态平衡与静态平衡的练习都能成为有趣的活动内容，练习的途径也可以拓展到在户外的自由活动过程。

(3)关于幼儿自发探索的平衡游戏。观察孩子在自发游戏中的动作能力，鼓励并支持幼儿创造更多有趣的平衡和控制的游戏。

(二)与身体移动能力相关的运动

1. 设计与组织要求

在促进幼儿身体移动能力的发展中，不仅需要提供充分的时间让幼儿有机会充分体验和练习，还需要提供动作练习以及结构性的体育活动。以下策略在设计与组织时可参考使用。

(1)鼓励幼儿自由探索和练习身体移动能力。第一，鼓励自主运动、引发多种运动方式，可以激发幼儿自主以多种身体活动方式参与运动。第二，教师可以创设分层的身体移动目标，让幼儿有机会选择挑战性的内容。第三，加强自我竞争性运动和自我比较，减少竞争。

(2)通过组合扩充运动教育内容。走、跑、跳、攀登、钻爬等是运动教育的主要内容,可以对其进行变化、扩展,有助于激发幼儿的兴趣,发展幼儿潜在的运动能力。另外,在重复已形成的动作技能过程中,也需要有练习条件的变化、练习方法和手段的变化、形式和内容的变化,小步分层可以激发幼儿的兴趣。

(3)把多个身体移动动作进行组合,设计更有挑战性的动作,如把爬—快跑—攀爬—向下纵跳等一组动作相互搭配在游戏情境中。

(4)关注练习中的保护。跑步时要做好充分的热身准备,负荷较大的跑跳应该在松软的场地上进行。攀登时注意保护幼儿和幼儿有秩序地自护等。

2. 案例与评析

小班体育活动:小狗爬爬爬

	活动设计	活动评析
设计意图	爬行是小班幼儿比较擅长,也深受幼儿喜欢的身体运动方式,3—4岁的幼儿在爬行方面能够快速双手双膝着地向前爬,在控制和力量方面能力都比较强。根据《指南》对幼儿动作发展的目标要求,在各类运动和活动中都应关注幼儿动作协调灵敏,以及力量和耐力的练习。因此,特在活动中设计听音做动作的游戏,在前后爬、转圈爬等练习中达成幼儿动作发展的目标。	活动设计的意图明确,对幼儿原有动作能力和水平进行分析,并且在此基础上关注幼儿动作发展的目标和方向,依据小班幼儿的特点设计了有趣的游戏进行练习。同时能够看到教师在设计活动时特别关注幼儿耐力的练习,较为全面地在一个活动设计中巧妙安排。
活动目标	1.能在向前跑、倒退爬、转圈爬的爬行过程中协调地移动身体。 2.能对鼓声信号做出反应,体验集体体育活动的乐趣。	1.目标着重于爬行的动作练习,熟练各种爬行的技能,明确了该活动"要做什么",以及达成的程度。 2.关注了小班幼儿参与活动的情感目标,希望通过各类有趣的爬行让孩子体验到乐趣。
活动准备	小狗胸饰一只,小鼓一只,《狗狗减肥操》音乐,装在大框里的皮球若干。	
活动重难点	活动重点:能够主动倾听声音的变化,发展各种爬的动作。 活动难点:对向后退的信号做出正确的爬行动作。	根据集体活动的目标导向,活动以达成活动目标1为重点,同时对幼儿动作发展做出分析,确定在活动过程中孩子可能会遇到的难点,以便"备"好课,做出适宜的设计或组织过程中进行恰当的指导。

续表

活动设计	活动评析
活动环节	(一)热身运动 播放《狗狗减肥操》音乐,教师带领幼儿一起做热身运动。 (二)和小鼓做游戏 1.快慢爬 (1)教师向幼儿呈现小鼓,敲小鼓,并要求他们倾听鼓清晰、有力、慢速的变化。 (2)提出要求:咚咚咚,咚咚咚,敲得慢,爬得慢,敲得慢,爬得慢。 小鼓说了什么话?(幼儿集体回答) 幼儿跟小鼓做游戏"小狗快慢爬"。 ——教师敲小鼓,幼儿练习爬行一个来回。 ——小鼓声音突然变快,我们应该怎样爬啊? ——教师快慢不规则交替敲鼓,幼儿练习爬行。 2.倒退爬 (1)教师变换鼓声,幼儿学说话。鼓声变换成"嗒嗒嗒、嗒嗒嗒"。 (2)提出要求:呀!小鼓的声音变了,它怎么说的?学一学。 嗒嗒嗒、嗒嗒嗒,向后退。 (3)教师示范后退爬的方法,幼儿听鼓声练习。 (4)幼儿听鼓声进行向前、后爬的练习。 教师敲鼓,忽而慢咚咚咚,忽而快咚咚咚,忽而嗒嗒嗒,三种声音不规则交替,练习爬的能力。 3.转圈爬 (1)教师变换鼓声,咚嗒咚嗒…… 听一听,这是什么样的声音?	1.活动的结构完整,同时在中间部分(基本部分)的设计比较详细,能够看到教师的提问、示范和引导,体现出层次,体现出教师巧妙利用鼓声与各种爬行动作的结合,达成了身体移动与身体控制能力的练习要求。因此该活动设计所涵盖的关键经验,不是单纯的"身体移动——爬"的设计,而是与倾听鼓声实现"身体控制"的有效结合,运用幼儿动作发展的关键经验,有设计感并且有趣。 2.活动环节中有较多利用小班幼儿好模仿的能力进行的设计。如模仿不同的鼓声,用自己的声音或者语言表现;模仿教师的示范动作学习后退爬、转圈爬,因此整个活动较多使用了模仿学习法。根据幼儿的学习和能力发展水平,还可以使用探索法。教师可以运用语言要点的提示或引导,让孩子自己探索前后爬和转圈爬。

续表

活动设计	活动评析
（2）教师示范转圈爬的动作。 小鼓说"咚嗒咚嗒，转圈爬"边说边做示范动作。 （3）幼儿进行转圈爬的练习。 4.交替练习 教师将四种鼓声交替展现，引导幼儿练习爬行。 结束：狗宝宝爬累了，跟妈妈一起回家吧 （四）活动延伸：领奖品 1.爬行拿奖品 （1）鼓声消失，引导幼儿休息，并布置好场地。将皮球分筐，并用梅花桩间隔摆好。 （2）幼儿爬行拿皮球奖品。 提出要求：绕开大石头，像一条小蛇一样，慢慢地爬到皮球那里，一人拿一只皮球作奖品。 2.滚球和爬接球游戏 （1）鼓声突然响起，教师交代游戏规则。 小鼓想和皮球做捉迷藏的游戏，小鼓敲到哪儿我们就把球滚到哪儿，宝宝再爬过去抓住皮球。 （2）教师将鼓声变换位置急促敲，引导幼儿寻找声音的方向，幼儿玩滚皮球和爬、接皮球的游戏。	3.环节（二）照顾到了运动的节奏，即关注运动安全，在运动中需要根据幼儿的年龄特点安排幼儿的休息时间。在其他集体活动中也需要关注运动量的安排。 4.环节（二）教师设计了游戏，既达到巩固练习的目的，也逐步降低运动量达成逐渐放松的目的。情境的设置都符合小班幼儿的年龄特点，达成让孩子喜欢参加体育活动的目的。

改编自《幼儿园教育活动设计与实施》[①]。

3.拓展建议

（1）对于该技能的练习：一是教师可根据自己班级幼儿的动作发展水平对这个活动设计进行内容的拆分；二是可以在户外运动锻炼中有计划地进行练习，让孩子在平时的练习中掌握转圈爬、后退爬等动作，然后再设计一个运用已有动作经验的集体活动。

（2）关于爬行的动作练习，从身体移动的难度可以进行变化和拓展。从路线上看可以直线钻爬、曲线爬钻，从方向看可以向上（下）钻爬、向左（右）钻爬；从动作看可以是手膝着地爬、并手并膝手脚着地爬、肘膝着地爬、正向及侧向匍匐爬、仰身手（肩）脚着地爬；从参与人数看有单人爬、双人爬及多人协同爬行等。

---

① 高敬.幼儿园教育活动设计与实施[M].上海：上海交通大学出版社，2018：109-112.

（3）在户外运动、户外自由游戏的环节,鼓励幼儿进行自由探索的、关于身体移动的游戏,并给予材料的支持,可以是单一的动作,也可以是走、跑、跳、钻爬、攀登的组合动作,让幼儿在大胆且愉快的尝试中以多种身体活动参与运动。

(三)与幼儿器械(具)操控能力相关的运动

1. 设计与组织要求

幼儿器械(具)操控的能力只有通过直接感知操控动作,并有足够的练习机会,操控动作才能形成并稳定、内化,因此教师需要提供多种学习机会,合理安排组织形式、活动内容,采用恰当的指导方法,并鼓励幼儿不断探索新的操控动作。[①]

充分利用并结合一日活动的各环节如早操、户外活动、集体教育活动、室内活动等各类活动形式,给幼儿充足的体育活动机会。注重动静结合、急缓交替,用丰富多样的形式激发孩子参与练习的兴趣,尤其年龄越小的孩子越需要重复,游戏情境、游戏方式能够让孩子们在轻松的心理状态下进一步提高操控物体的能力。此外,有目的地选择集体活动、小组活动和个别活动的组合整合利用,能较好地帮助幼儿掌握某个操控动作的要领。在活动内容方面,要注意从易到难地组织内容,同时也要注意扩展,使动作技能的掌握更全面,如对球的操控除了可以用手部拍球,还可以用脚踢球,用躯干撞击球,拍球可以左手拍也可以右手拍等。

2. 案例与评析

大班体育活动:投篮高手

活动设计		活动评析
设计意图	投篮游戏是幼儿比较喜欢的活动之一,同时对器械(具)——球类的操控能力也是《指南》对幼儿动作发展的目标要求。该活动设计对于幼儿有一定挑战,要求幼儿能够在投掷动作的基础上还要投准,因此特设计本次活动让幼儿通过动作的学习发展操控能力。活动结束后将在户外的游戏中提供机会让幼儿进行进一步的练习,同时满足他们还想玩的愿望。	使用皮球进行锻炼是发展操控器械(具)能力较为重要的途径和内容,球也是幼儿比较感兴趣的内容。该活动是一个典型的关注"操控器械(具)能力"关键经验的活动,教师的设计关注到幼儿的动作技能学习,同时还注意满足不同能力水平的幼儿的学习需求,关注到技能学习时的个体差异。

---

① 柳倩,周念丽,张晔.学前儿童健康学习与发展核心经验[M].南京:南京师范大学出版社,2016:182-183.

续表

	活动设计	活动评析
活动目标	1.初步学习双手胸前投篮的动作,发展手、眼的协调能力和上肢力量。 2.在游戏中逐渐提高难度,鼓励幼儿大胆尝试不同难度的投篮动作。 3.喜欢参与投篮游戏,体验游戏的快乐。	1.制订的目标清晰地阐明了该集体活动"要做什么"——练习双手胸前投篮;"怎样做"——学习、尝试练习;要达成孩子手、眼的协调和力量都获得发展的目的。 2.在掌握技能的过程中,投篮游戏能够激起孩子的兴趣,并找到玩的乐趣。因此该活动设计也关注到了孩子在这个活动中的情感目标。
活动准备	篮球架、小皮球、汗巾、标记线、辅助线。	汗巾的使用建议根据季节特点、每个幼儿体质的特点,酌情使用。 篮球架有的是立式的玩具篮球架,也有安装在墙面的球筐,教师根据幼儿园的条件使用。
活动环节	(一)热身运动 1.慢跑热身。 2.进行身体的预备活动:向前和向身体两边甩球;抛接球;从头顶和胯下传球;两人合作,蹦跳过对方从地面传过来的球。 (二)学习双手正面投篮的方法 1.出示篮球架,探索投篮的方法。 2.分享交流自己的投篮动作。 3.教师小结反馈幼儿交流情况。 4.教师讲解动作要领:眼看前方,手臂抬起,对准目标用力投。 5.幼儿分散练习投篮,教师巡回指导。 (三)游戏:投篮高手 1.教师将篮球架摆放在不同距离的标记线上,幼儿观察游戏场地,师幼共同讨论投篮游戏规则,鼓励幼儿尝试不同距离的投篮游戏。 2.幼儿游戏:如果投不中可以再投一次,投中的小朋友将球捡回来传给下一个小朋友。	1.整个活动结构完整,有运动前的准备以及活动后的放松运动。特别是预备活动的设计,巧妙地利用该活动场地器材,做好一些动作经验上的准备。环节安排清晰,教学的方法使用得当。 2.活动环节(二)是对活动目标1的具体落实,这是典型的对器械(具)操控能力的学习与练习。教师采用的方法是幼儿先自由探索投篮的方法,获取最初的投篮经验。这样的方式能够帮助教师通过观察,迅速获取所有幼儿对投篮的动作经验,对接下来的活动进程有重要的参考价值。其次,教师在和孩子一起交流小结后,进行了动作要领的讲解。这是发展幼儿器械(具)操控能力重要的指导方法。

续表

	活动设计	活动评析
活动环节	3.小结：肯定幼儿的进步，鼓励他们自己给自己增加难度去投篮。 (四)放松身体，结束活动 1.师幼随音乐放松身体各个部位。 2.师幼共同收拾器械，离场。	3.活动环节(三)是对活动目标2的具体落实。在这一环节中教师设置不同距离的标记线，是对幼儿不同能力水平进行了考虑。《指南》的主旨中一条重要的原则就是"尊重幼儿发展的个体差异性"，在实践中这就是点滴的落实与体现。

改编自《农村幼儿园课程与资源》[1]。

3.拓展建议

(1)在日常的户外活动中，也应该注意提供机会给幼儿在自由的游戏中练习投篮动作，毕竟一次集体教育活动的时间不可能让所有幼儿都掌握好动作要领，因此经常性练习对于技能的掌握非常重要。

(2)在内容上可以鼓励幼儿拓展尝试球的多种玩法，增强游戏性，在此基础上练习拍球、运球、投球、传球等基本动作；在提高趣味性和难度方面，可以考虑在身体移动中投篮，或投中移动篮筐，以提高幼儿操控球类动作的协调性。

(3)应注意拓展利用球拍或其他器具操控球的练习，以增强间接操控球的能力。

三、提升幼儿生活能力和安全教育的活动设计与组织

(一)提升生活能力的活动设计与组织

1.设计与组织要求

在日常实践中，对于幼儿不太容易理解的卫生常识、不太容易掌握或需要练习的动作，教师就可以借助有计划、有目的的教育活动，更好地启发幼儿理解和掌握，如故事、儿歌、游戏等。那么，教师怎样设计和指导关于生活习惯和生活能力的教育活动呢？

(1)在活动目标的确定方面。主要着力于培养幼儿良好的作息、睡眠、如厕、盥洗、整理物品等生活习惯；帮助幼儿了解初步的卫生常识，学会多种讲究卫生的技能，养成良好的生活、学习及公共卫生习惯；帮助幼儿逐步学会用餐、盥洗、整理等自我服务方法，提高幼儿的生活自理能力。

---
[1] 丁琪,何峰.农村幼儿园课程与资源·健康[M].南京:南京师范大学出版社,2019:93-94.

（2）在活动过程的设计方面。教师应明确：希望幼儿在哪些方面获得发展；希望解决什么问题；如何通过教师的语言尤其提问启发幼儿思考；什么时候提什么问题，哪些内容还可以并且值得扩展，通过什么方法增强教育效果；是否注意了活动中间的小结和最后的总结，是否注意了总结不是简单的重复，而应有助于幼儿归纳要点，使已有经验获得提升。

导入部分要恰当。所谓"恰当"，就是不仅可以吸引幼儿的注意，激发他们的活动兴趣，也要为教师了解幼儿的已有经验提供帮助。教师要特别注意保证这个环节能够唤起的生活体验，是他们亲身感受的，与他们的生活建立密切的联系，只有这样才会激发幼儿的兴奋点。例如小班活动"我会自己穿脱衣服"，通过讲述故事《穿穿脱脱》的情境导入，引导幼儿了解脱衣的顺序。教师要特别注意不需要花哨地使用各种无关紧要的手段和方式导入。

展开部分要循序渐进。所谓"循序渐进"，就是要逐层展开，而不需要平行叠加花样，关键就在于充分分析内容的逻辑顺序而展开过程，做到第一环节为第二环节铺垫，第二环节是在第一环节的基础上"生长"，以此类推。

2.案例与评析

大班健康活动：我会系鞋带

活动设计	活动评析
设计意图	系鞋带是幼儿在日常生活中经常碰到的困难，尤其对于大班幼儿来说，掌握系鞋带的方法不仅体现了对自己生活的照顾，同时也是为培养将要入小学的自理能力做好准备。依据《指南》对幼儿生活能力的目标要求，以及对手部动作的灵活协调要求，特设计此次活动，让幼儿在掌握动作技能的同时，萌发孩子对照顾好自己生活和实现安全的自豪感。	该活动设计的意图明确，重点在于提高大班幼儿生活自理的能力，同时能够看到教师心中有健康领域完整的目标意识，在手部动作的发展、自理能力的发展、学习品质的发展方面都有所关注。
活动目标	1.学习系鞋带的顺序和步骤，知道系好鞋带行动方便又安全。 2.体验自己动手做事的快乐，能克服碰到的困难并愿意多练习。	1.目标的制订直接导向关键经验：幼儿对自己生活的照料——生活能力的培养，因此在技能、认知和情感方面都有较为全面的思考与设计。 2.难度符合大班幼儿的发展水平，成功感也能激起大班孩子自己动手做事的兴趣。

续表

活动设计	活动评析
活动准备 1.经验准备:幼儿午睡起床时,教师要求幼儿自己动手穿鞋,并系好鞋带,观察幼儿系鞋带的情况,了解幼儿是否掌握系鞋带的方法。 2.物质准备:有鞋带孔的硬纸板鞋、鞋带和给布娃娃系蝴蝶结的材料若干;一张男孩摔跤的图片,图中男孩的鞋带散开,没有系上;幼儿事先穿有鞋带的鞋。	1.教师能利用生活环节做好观察,并掌握孩子系鞋带的经验,为该集体活动的顺利开展做好充足的准备。 2.物质材料方面教师竭尽所能地利用材料帮助幼儿进行反复练习,既可以在该活动中使用,也可以投放至区域环境中供幼儿自己练习。
活动环节 1.讨论:他为什么摔跤? (1)教师出示幼儿摔跤的图片,请幼儿仔细观察。 (2)教师:小朋友为什么会摔跤? (3)幼儿讨论,知道系好鞋带才安全。 2.操作:我们一起系鞋带。 (1)教师边说儿歌边示范系鞋带的步骤和方法。 (2)幼儿在教师准备的带孔的板鞋、布娃娃的脖子上或头发上练习系带子的方法。 (3)教师用儿歌提示幼儿系带子的步骤,特别说到"交叉绕一绕"时,提醒幼儿两只手要抓紧带子不能放松。 3.自己试一试。 (1)请幼儿换上有鞋带的鞋,试一试自己系鞋带。 (2)教师对系鞋带有困难的幼儿进行指导(请幼儿相互看看同伴系鞋带的方法,鼓励幼儿自己动手学习系鞋带,必要时教师可进行示范、帮助)。 (3)请幼儿系好鞋带后走走、跳跳,感受系好鞋带后行动方便又安全,鼓励幼儿"自己的事情自己做"。 (4)请幼儿说说自己是怎样系鞋带的,交流一下系鞋带的感受。 附:儿歌《系鞋带》 先打一个结,再绕两个圈。 交叉绕一绕,看谁系得牢。	1.活动以幼儿生活场景中的问题入手,引发孩子的讨论,在认知上达成一致目标。大班幼儿,利用自己的生活经验和语言经验,可以概括出关于系鞋带与安全之间的关系。 2.活动环节2和活动环节3主要解决技能方面的学习。该活动的设计明确地指向大班幼儿"会系鞋带"的生活技能,因此在该环节通过教师示范、儿歌、练习的方法让孩子学习。同时教师注意运用场景,通过准备的学具,使这个"结"不仅运用于"鞋带",还运用于发带、领结,学生能够较好地保持兴趣。 3.活动环节3是在活动环节2的基础上进一步"真实"的迁移运用练习,系自己的鞋带才能感知到是否合适。对于成功系好鞋带的孩子来说,成就感油然而生,也就能感受到自己为自己服务的快乐,从而达成活动目标2。该环节教师要特别关注到有困难的幼儿,同时是有层次的指导。先从同伴学起,仍然鼓励孩子自己动手,最后才是教师进行帮助。 因此教师们应该关注到,老师们在任何教育活动中对幼儿学习的指导绝对不是走过场,而是需要认真地观察,分需求、有层次地指导。

改编自《幼儿园健康领域教育精要——关键经验与活动指导》[①]。

---

① 叶平枝.幼儿园健康领域教育精要——关键经验与活动指导[M].北京:教育科学出版社,2015:163-164.

3.拓展建议

（1）教师提供的鞋带粗细、长短、材质要适宜，避免在幼儿操作时造成更大的困难。最好的办法是在备课过程中对所有提供给幼儿的材料进行"预操作"，感受和体验孩子在操作过程中可能碰到的问题。

（2）在日常生活和游戏中引导幼儿用教师提供的材料经常练习。教师们应清晰地认识到，一个集体教育活动短短的几十分钟，孩子们因为个体差异性，不可能全都达成目标，所以日常的巩固练习非常重要。一是在真实的日常生活场景中继续指导未掌握方法的孩子；二是该活动前教师提供的操作材料在集体活动结束后可以继续投放给孩子在自由游戏时使用，让他们在轻松的环境氛围中慢慢巩固。

（3）请家长放手多让幼儿自己练习系各种带子、扣子。对于喜欢包办的乡村家庭，特别应该与家长做好沟通，取得培养孩子能力的共识，以鼓励和帮助的方法帮助孩子在生活中继续巩固练习。

（二）安全教育活动的设计与组织

1. 设计与组织要求

幼儿园安全教育活动是安全教育一个主要的渠道，我们在目标设计、内容与形式的选择、活动组织方面需要认真思考，并进行相应的指导。

在目标设计方面，与其他教育活动设计的要求一致，安全教育活动也需要关注三维目标，即"认知目标""情感与态度目标""操作技能目标"。在目标表述时应考虑突出重点，不必面面俱到。另外，在实践中我们通常看到，幼儿能够了解哪些行为是危险的，哪些事情是不能去做的，但是不了解为什么这些行为会导致意外伤害事故的发生，即幼儿的安全行为通常缺少相应的安全认知作为支撑。所以，教师在进行安全教育时应合理地提升幼儿的安全认知，这有助于幼儿安全行为的养成。尤其乡村幼儿有较多机会独自或结伴玩耍，缺少家庭必要的安全监管，特别容易发生意外伤害事故。因此幼儿需要在安全教育活动中了解常识、知道保护自己的方法，在技能方面需要学习一些简单的安全行为、掌握安全的行为技巧。

在活动形式、内容的选择方面与活动目标相匹配是首要考虑的，避免与目标脱离且花哨的形式，要切实地为实现目标而选择内容和形式。

在活动过程的设计方面，和所有集体教育活动一样，关注活动流程中各个环节是否为目标服务、是否流畅紧凑、过渡是否顺畅自然等是最基本的要求。

其次，安全教育活动最常用的方法是体验和讨论，而非教师"一言堂"地的讲、幼儿听。在日常实践中，体验和讨论的方法在使用时容易流于形式，教师并未真正让幼儿体验或讨论过就草草收场或转换，问题设计也较空洞。因此，我们在设计时应充分考虑体验活动是否有利于在有限的时间内达成体验的目的，组织实施时应根据幼儿需要灵活调整时间安排。这就意味着教师在幼儿体验过程中不应游离于幼儿体验活动之外，而应是巡回观察指导，及时发现问题、给予适当指导。

在提问技巧方面，安全教育活动应尽量多提开放式问题（即没有固定答案的问题），如"地震来了躲在哪里最安全？""什么时候往外跑？""可以用什么护住我们的头？"等问题，引导幼儿层层递进地思考。

体验后进行讨论具有重要的价值，可以让幼儿对所体验的事物充分地表达自己的看法和情感。讨论应以先小组后全体的方式，同时教师给足时间、充分听取孩子们真实表达的意见，然后选择比较有代表性的观点在全班面前发言，有利于进一步提高讨论效果。

2.案例与评析

中班安全教育活动：夏天的雷电

	活动意图	活动评析
设计意图	生活中有很多关于安全的常识，如躲避雷电，这是乡村幼儿极度缺乏的，对于乡村幼儿来说，他们也常常在"被放养"的情况下容易遭遇这些安全问题。根据《指南》中"具备基本的安全知识和自我保护能力"要求，特设计此次活动。活动通过设置情境，帮助中班幼儿更好地理解和学习自我保护的方法；通过谈话的方式，在帮助幼儿理解的同时也发展幼儿的语言表达能力。	该活动设计重点关注"安全自护能力"的关键经验，教师依据乡村幼儿的生活状况和经验设计的该活动显得特别实用。与此同时，教师关注到中班幼儿的学习特点，注意运用情境让孩子有体验，也注意让幼儿运用语言进行表达，较好地进行了领域的融合。
活动目标	1.尝试用语言表达雷电出现的征兆，以及夏天雷电的危险。 2.在情境中学习雷雨天保护自己的方法，有初步的自我保护能力。	1.制订的目标符合安全教育活动的目标要求，在认知上了解雷电以及躲避的方法，在方法技能上学习在哪里躲避，在情感与态度方面萌发自我保护的意识。 2.该活动以具体可操作的行为目标为导向，比较明确活动的目的，便于检验活动的效果。

续表

活动意图	活动评析
活动准备	1.大树、电线杆、电线、房子场景,雷雨视频,PPT《如何防雷电》,大树、山坡、电线杆、池塘图片。 2.见过雷电的经验者。	1.安全教育活动特别需要避免干巴巴的说教,生活场景中提取的素材非常重要,该活动教师准备了多样的媒介,视频、PPT、图片能够较好地与真实生活结合。 2.教师还关注到了幼儿的经验准备,对于更有效地实施活动有价值。
活动环节	(一)情境导入,遇到雷电知道躲避 1.情境导入:小兔邀请我们到他家做客,现在我们出发吧。 2.播放雷雨视频,幼儿躲避雷雨闪电。 教师:宝贝们,下雨啦,打雷啦,赶快躲一躲吧! (二)讨论"我该怎么办?" 1.针对情境进行讨论: ——刚才我们遇到什么事情了? ——你怎么知道要打雷闪电了? ——你躲在哪里的? 2.观看PPT《如何防雷电》,了解正确躲避雷雨闪电的方法。 ——故事里的小朋友是躲在哪里避雷雨、闪电的? ——小哥哥又是躲在哪里避雷雨、闪电的? ——躲在哪里更安全? ——为什么要躲避雷电? 3.师生共同小结正确躲避雷雨、闪电的方法。 情境再现,运用学到的方法。 创设情境:播放雷雨音效,设置场景,再次去小兔家做客,进一步了解正确躲避雷雨、闪电的方法。 (三)活动延伸:了解在家里如何防雷电	1.情境的设置适合中班幼儿的理解,自然而然地引入主题,并初步达成了认知的要求。 2.环节(二)是该活动的重点部分。在环节(一)的基础上,教师运用讨论的方式引导幼儿对自己过去的经验、刚刚经历的情境等进行梳理与表达,而不是教师"一言堂"式地"教授知识"。 在目标达成方面,重点在方法和认知两个方面进行了设计。 中班幼儿在语言表达方面还需要教师的理解和帮助,用浅显易懂的语言指导幼儿表达自己的想法。这也就是语言领域在这类活动中最有效的发展途径,教师们应当特别注意这种有机的融合。 3.环节(三)是对环节(一)和(二)的"践行",对于任何年龄段的幼儿来说,对"知"运用才能在一定程度上促成"行"。运用情境再现的方式与开始部分首尾呼应,更重要的价值是让中班孩子调整不恰当的行为动作。

改编自《农村幼儿园课程与资源》[①]。

3.拓展建议

(1)在内容上如教师提出的活动延伸部分,我们还可以拓展在不同场景中躲避雷

---

① 丁琪,何峰.农村幼儿园课程与资源·健康[M].南京:南京师范大学出版社,2019:69-70.

电的方法,如在家、在马路上、在树林里、在田野里等等,增强安全教育在实际生活场景中的有效运用。

(2)结合乡村幼儿的生活,在安全自护能力的培养方面除了关注幼儿在园的一日生活环节中的安全教育外,教师还应收集大量的安全教育素材,如防溺水、防中毒、野外生存等等,重点关注这些真实生活场景中的安全意识、自我保护方法的使用,真正使安全教育为儿童生命健康保驾护航。

(3)将安全教育融入游戏活动中,往往能取得事半功倍的效果。如在角色游戏中培养幼儿的安全意识,体育游戏培养幼儿的安全知识及技能,情境游戏提高幼儿的安全自护能力,表演游戏增强幼儿安全自救能力,在多元化的游戏活动中开展安全教育。

第四章 乡村幼儿园语言领域教育活动组织与指导

学习目标

◎ 乡村幼儿语言发展的关键经验。

◎ 乡村幼儿园语言教育活动的组织指导策略。

◎ 乡村幼儿园语言教育活动的设计与组织。

思维导图

乡村幼儿园语言领域教育活动组织与指导
- 乡村幼儿语言发展关键经验与教育策略
  - 乡村幼儿语言发展的关键经验
  - 乡村幼儿语言教育活动的组织指导策略
- 乡村幼儿园语言领域教育活动的设计与组织
  - 生活中的交流教育活动设计与组织
  - 游戏中的听与说教育活动设计与组织
  - 图画书的阅读与讲述教育活动设计与组织
  - 文学作品欣赏与表现教育活动设计与组织

3—6岁是儿童语言发展的关键时期。在此阶段,语言不单单是与他人交流的工具,更是思维的载体,幼儿在运用语言进行交流的同时,其人际交往能力、对交往情境的判断能力、组织语言的思维能力等都能得到发展。与此同时,儿童通过语言获得的信息可以帮助他们逐步超越个体的直接感知,从而更好地理解外部世界。语言能力的发展对其他领域的发展有着至关重要的影响。我国《幼儿园教育指导纲要(试行)》明确指出:"语言能力是在运用的过程中发展起来的,发展幼儿语言的关键是创设一个能使他们想说、敢说、喜欢说、有机会说并能得到积极应答的环境。"因此,以最适合幼儿的方式有效提高幼儿的语言水平,是本章致力探索和解决的重要的问题。

第一节
乡村幼儿语言发展关键经验与教育策略

一、乡村幼儿语言发展的关键经验

(一)生活中的交流

生活中的交流[1]是幼儿在园运用语言学习和他人进行交流互动的基本方式。交流话题需两个或两个以上的参与者就某一主题进行表达与交流,是儿童交流能力发展的重要途径。生活中的交流与语言领域其他活动相比,在形式、内容、方法及实施途径等方面具有自身的独特性,是语言领域其他教育活动不可替代的。生活中的交流创设了口头语言表达与交流的环境,要求幼儿调动自己已有的经验,围绕他们熟悉的话题,学习倾听同伴的意见,不断尝试运用流畅、熟练、灵活的语言表达与交流自己的想法。生活中的交流主要目标在于帮助幼儿掌握围绕某一话题进行现场表达与交流的技能,倾听、理解他人谈话内容的技能,能清楚地表达自己经验或感受的技能,不

---

[1] 余珍有.幼儿园语言领域教育精要——关键经验与活动指导[M].北京:教育科学出版社,2015:76-96.

跑题、轮流交谈的技能等。通过生活中的交流活动,幼儿应获得的发展关键经验如下:

(1)良好的倾听习惯和能力,即:在与他人交流时,能够主动、安静、有礼貌地倾听。

(2)掌握并运用交流和表达的规则,即:遵守交流与表达的基本规则。

(3)能初步运用交流与表达策略,即:采用多种辅助手段帮助表达和交流,能够围绕主题发起、修补和维护表达与交流。

(二)游戏中的听与说

游戏中的听与说[1]是为幼儿创设的教学游戏情境,强调用游戏的方式组织幼儿园语言领域教育教学活动。它包含较多规则游戏的成分,即:要求幼儿在游戏中按一定规则使用口头语言,能较好地吸引幼儿参与到语言领域的学习活动中,在积极愉快的活动中完成语言学习的任务。游戏中的听与说主要目标在于培养幼儿口头语言交往活动中快速、机智、灵活地运用语言的能力,对发音和语言结构特点的敏感性,在游戏中灵活使用相关语言的技能,理解并快速运用语言规则的技能。游戏中的听与说强调语言学习的目标渗透在游戏规则中,需按照游戏规则无意识地使用语言。游戏中的听与说活动,幼儿应获得的发展关键经验如下。

1.按一定游戏规则进行口语表达练习

(1)复习巩固发音。

(2)拓展练习词汇。

(3)尝试运用句型。

2.喜欢并积极参与听说游戏

(1)听懂教师讲解,理解游戏规则。

(2)听懂游戏指令,把握游戏进程。

(3)准确把握和传递有细微区别的信息。

3.发展语言交往的机智性和灵活性

(1)领悟语言游戏规则。

(2)调动个人已有语言经验。

(3)以符合规则的方式进行表达。

---

[1] 余珍有.幼儿园语言领域教育精要——关键经验与活动指导[M].北京:教育科学出版社,2015:110-117.

(三)图画书阅读与讲述

在幼儿早期阅读能力发展中[1],有一个很重要的方面是图画书的阅读与讲述能力。图画书是幼儿阅读发展的重要媒介,有关研究表明,阅读能力强的儿童多来自语言丰富的环境,幼儿早期图画书阅读能够带领幼儿超越他们原有的语言形态,帮助幼儿接触和学习书面语言,培养对书面语言的敏感性,为进入学龄期的正式书面语言的学习打下良好的基础。同时,在图画书的阅读与讲述中,幼儿可以随心所欲地看图画书的故事、编想象中的故事……通过这样的阅读,他们建立了初步的读和写的信息,在正式学习书面语言时将不再感到困难。图画书阅读与讲述活动,幼儿发展关键经验梳理如下。

1. 良好阅读习惯和行为的养成

(1)养成良好的阅读习惯。

(2)获得图画书的基本概念。

(3)形成正确的图画书阅读行为。

2. 阅读内容的理解和阅读策略的形成

(1)通过对故事主角形象的感知,对主角行动和状态的理解,了解图画书内容。

(2)初步形成预期、假设、比较、验证等阅读策略。

3. 阅读内容表达与评判

(1)能叙述阅读内容,并在生活中回忆和迁移。

(2)对图画书的人物特征、故事主旨形成自己的理解和判断。

(四)文学作品欣赏与表现

儿童文学作品[2]是指与0—6岁儿童心理发展水平及接受能力、阅读能力相适应的各类文学作品的总称。它是语言艺术的结晶,包含丰富而独特的语言信息,这些信息表征着幼儿已知及未知的人、事、物,综合呈现幼儿所需和渴望了解的社会生活现象,内容形象生动、符合幼儿的学习特点。同时,以书面语言的形式储存语言信息,需要幼儿通过聆听、诵读、阅读画面图画、观察动画等方式,接受儿童文学作品传递的信息,将书面语言转化为口头语言。其欣赏活动与表现从一个具体的作品教学入手,围绕这个作品展开一系列相关的活动,既能引导幼儿理解儿童文学作品所展示的丰富

---

[1] 余珍有.幼儿园语言领域教育精要——关键经验与活动指导[M].北京:教育科学出版社,2015:114-153.

[2] 余珍有.幼儿园语言领域教育精要——关键经验与活动指导[M].北京:教育科学出版社,2015:127-135.

而有趣的生活,又体会到语言艺术的美,为幼儿提供了全面的语言学习机会。文学作品欣赏活动,幼儿发展关键经验梳理如下。

1. 诗歌的欣赏与表现

(1)感受诗歌的节奏、韵律及多种句式特征。

(2)调动自己的生活经验,借助动作或口头语言表现诗歌的节奏和韵律,尝试运用文学语言根据诗歌重复句式进行仿编。

2. 故事的欣赏与表现

(1)对故事中人物对话、动作的理解与模仿,对故事主要情节结构的认识。

(2)根据故事的部分情节,预测故事情节的发展,续编、创编故事。

3. 散文的欣赏与表现

知道散文所表达的主要事物、人物等的组织线索,并能按照该结构进行创意仿编。

二、乡村幼儿语言教育活动的组织指导策略

语言领域教育活动[①],需在遵循幼儿认知发展规律的同时,教师积极为他们语言的学习创设条件和提供机会,并引导参与各种丰富多彩的活动,使其在与人、物、环境、材料等的交互作用中,学习语言、发展语言。下面将从制订科学的活动目标、选择丰富多彩的活动内容、采用灵活多样的教学形式等三个方面,来呈现乡村幼儿语言教育活动的指导策略。

(一)制订科学的活动目标

(1)活动目标的制订应包含认知、情感态度和能力三个方面。认知目标要紧紧围绕语言领域中"倾听与表达""阅读与书写准备"幼儿语言发展的两个核心板块进行。情感态度目标旨在培养情感态度,包括幼儿在兴趣、态度和价值观等方面的变化;能力目标涵盖语言能力发展的训练,包括组词成句的能力和在具体语境中运用语言的能力。

(2)活动目标的制订应着眼于现阶段本班幼儿的发展。目标的制订首先要找准现阶段本班幼儿的认知发展特点及已有经验。其次,目标的制订应紧扣促进现阶段本班幼儿的语言发展这个落脚点,落实到对语言内容、语言形式和语言技能的掌握上。

---

① 周兢.学前儿童语言学习与发展核心经验[M].南京:南京师范大学出版社,2016:348-485.

(二)选择丰富多彩的活动内容

幼儿语言教育的基本任务就是让幼儿学会运用本民族语言进行交际。幼儿语言教育的内容可以分为两大部分：一是教给幼儿本民族的语言符号系统，即语音、词汇、语法及表达方式等；二是教幼儿学会运用语言，其中既包括语言知识的传授，如语言的功能、言语交际规则等，也包括语言运用能力的实践训练。此外，由艺术语言构成的文学作品也是幼儿语言教育的一项重要内容，因此，幼儿语言教育内容不是任意选择的，而是有一定依据、符合一定规律的。具体包括"生活中的交流""游戏中的听与说""图画书的阅读与讲述""文学作品欣赏与表现"等丰富多彩的活动内容。每一类专门的语言领域教育活动内容都能为幼儿创设一种独特的语言运用情境，使幼儿能有机会对在日常生活中获得的零碎语言经验进行提炼和深化，实现对语言规则的理解和有意识的运用，能从中形成和习得新的语言经验。上述四种类型的专门的语言领域教育活动之间既相对独立，又相互联系。

(三)采用灵活多样的教学形式

1. 示范模仿

示范模仿是指教师通过自身的规范化语言，提供语言学习的样板，引导幼儿始终在良好的语言环境中自然地模仿学习，也可以由语言能力发展较好的幼儿来示范。这一教学策略的具体运用原则如下。

(1)教师的示范语言准确、规范。在幼儿园中，教师的语言是模仿的对象，教师的一言一行，幼儿都会听在耳里、看在眼里。如教师说什么，怎样用词和造句，用什么语句表达自己的感觉，说话时的态度、表情和手势，对别人说话的反应等，都对幼儿起着示范作用。幼儿语言主要学自成人，很少学自同龄的伙伴。因此，教师说话时，除了咬字清楚、发音准确、辅以自然的表情和恰当的手势外，还要注意语言的表达力，包括运用适当的音量、语调、速度等。教师的语言示范必须正确、清楚、响亮，而且要富于表现力和感染力。此外，教师还要注意使用具体易懂的句式，如果是用于对幼儿发出指令的，更要简单明确、规范。教师的规范语言包括语言形式、语言内容和语言运用三个方面。教师无论在何时、何地都要运用规范语言，才能为幼儿创设良好的语言环境，成为幼儿模仿学习的典范。

(2)教师要把握好示范的时机和力度。语言教育中新授、幼儿不易掌握的学习内容，教师要反复地进行重点示范。如：难发准的音、新词句的学习、人物的对话、连贯的讲述与作为仿编参照的原词句等,都要有针对性且趣味性地引导幼儿有意识地进行模仿学习。

(3)教师要恰当地运用"显性示范"和"隐性示范"的手段。语言教育中教师要恰当地处理好"显性示范"和"隐性示范"两种手段的运用关系。对于教学重点和难点问题,教师应依据幼儿语言发展的水平和特点,恰当地选用不同的示范手段,以突破不同的教学重、难点。

(4)教师要积极观察幼儿的语言表现,妥善地运用强化原则。教师要关注一日活动中幼儿的语言表现,善于发现学前儿童语言发展的差异,因材施教,要随时表扬幼儿正确的语言行为和习惯,并加以强化。如:让语言发展较好的幼儿做示范者,为同伴提供模仿学习的榜样,同时也要及时地指出幼儿语言中的错误,避免幼儿重复不正确的语言,产生误导。但也要避免过于挑剔幼儿讲述过程中的语言错误,导致幼儿学习积极性的降低。

2."视听讲做"结合

"视听讲做"结合是依据幼儿直觉形象思维的认知发展特点,以观察法为基础,结合幼儿语言学习的特殊性而提出的。所谓"视",是指教师提供具体形象的讲述对象,如实物、图片、图书、情境表演等,让幼儿充分地观察。"听"则是指教师用语言描述、启发、引导、暗示、示范等,让幼儿充分地感知与领会。"讲"是指幼儿在感知理解的基础上,充分地表述个人的认识。"做"是指教师为幼儿提供一定的想象空间,通过他们的参与或独立的操作活动,帮助其充分地构思,从而组织起更加丰富、连贯、完整、富有创造性的语言进行表述。这四个方面必须有机地结合,"视""听"的内容由教师提供,最终将转化为幼儿的认识,幼儿主动地通过"讲"和"做"反馈学习成果。"视""听""做"都是为"讲"服务的,"讲"的过程促使幼儿语言能力得到发展。这一方法的具体运用原则为:教师所提供的语言教育辅助材料,应该是幼儿接触过的、较熟悉的或符合其认识特点的;教师要教会幼儿观察被讲述对象的方法,并留存一定的观察时间和空间;教师的提问要有顺序性、启发性,帮助幼儿构思与表述;根据其语言实际水平,提出不同的表述要求,要求他们在动手、动脑、动口的学习中获得语言经验。

3.游戏先行

游戏先行是指教师运用有规则的游戏,训练儿童正确发音,丰富儿童词汇和学习句式,不断扩展与提升儿童的学习兴趣。游戏是符合学前儿童年龄特点的活动,运用游戏方法进行教学是儿童语言教育中常见的活动方式之一,其目的在于提高儿童的学习兴趣,集中儿童的注意,促进儿童各种感官和大脑的积极活动。游戏先行需遵循:依据儿童语言教育目标、内容选择创造性编制游戏;要求目标明确,规则具体,便于儿童理解,达到训练语言能力的目的。在开展语言游戏的同时,可配合使用教具或学具。随着儿童年龄的增长,应逐渐减少直观材料,可以适当开展纯语言训练的游戏。对于个别学习有困难的儿童,可运用游戏进行重点帮助,使他们在轻松、愉快、饶有兴趣的活动中进行强化训练。

4. 演绎作品

演绎作品是指在教师的指导下,儿童学习表演文学作品,品味作品所传递的情感,提高口头语言的表达能力。在该教学指导策略中,教师须在幼儿理解诗歌、散文、绕口令等作品内容,并能熟练朗读的基础上,指导幼儿正确地运用声调、韵律、节奏等进行诗歌、散文、绕口令的朗诵和表演。教师必须在幼儿理解童话、故事内容,熟悉人物对话以及体会角色心理的基础上,指导幼儿正确地运用语言、动作、表情等扮演角色,再现故事情节,进行故事表演。教师应鼓励幼儿在故事表演中创新内容和增加情节与对话,大胆地发展故事情节,恰当地进行动作设计和人物的心理刻画和渲染,积极为全体幼儿提供参与表演的机会。

5. 巩固练习

巩固练习是指有意识地让幼儿多次使用同一个语言因素(语音、词汇、句子等),或训练某方面语言技能技巧的一种方法。在幼儿语言教育中,口头练习大量出现,具体运用原则为:明确练习的要求,逐步提高练习的要求;要求幼儿在理解内容的基础上,独创性地练习,避免简单、枯燥的重复;练习方式应生动活泼,形式变化多样,从而调动幼儿练习的积极性,从而不断巩固其已有经验,夯实基础促发展。

以上所列举的语言领域教育活动指导策略,是比较常见的几种。教师在实际教学中,还需根据本园所拥有的具体条件,结合本班幼儿语言发展水平和语言学习的特点,选择和创造更为恰当的指导策略,有的放矢地进行语言教育,有时各种指导策略还可以互相搭配、交叉使用和互相补充、综合运用,以共同促进幼儿语言的发展。

第二节 乡村幼儿园语言领域教育活动的设计与组织

语言领域集中教育活动的设计需在充分考虑幼儿已有经验的基础上,结合《3—6岁儿童学习与发展指南》中"倾听与表达""阅读与书写准备"两个发展板块中,各年龄段幼儿语言能力发展的典型性表现,从"生活中的交流""游戏中的听与说""图画书的阅读与讲述"和"文学作品欣赏与表现"等四个关键经验方面进行考虑。

一、生活中的交流教育活动设计与组织

在《3—6岁儿童学习与发展指南》语言领域"倾听与表达"方面,幼儿语言发展的典型性表现为:"愿意与他人交谈,喜欢谈论自己感兴趣的话题。"由此可见,孩子们愿意与人"交流"的前提,是有一个共同熟悉而感兴趣的话题,为了让"交流"能经常发生并持续下去,选择一个具体、有趣、贴近幼儿生活经验的话题,并教会他们交谈的基本经验是组织这类教育活动的目的。

(一)生活中的交流活动设计与组织要求

1.活动内容

"生活中的交流"活动内容的选择,有以下两个方面的注意要点。

(1)幼儿对"交流"的话题具有一定的熟悉度。"交流"的内容应是幼儿日常生活中最熟悉的喜闻乐见的,如小班谈话活动"我喜欢的小动物",这类交流话题贴近幼儿的生活,幼儿比较感兴趣。

(2)幼儿对"交流"的话题有一定的新鲜感。"交流"的话题要能调动幼儿参与交流的积极性,对幼儿有一定的新鲜感和刺激性,如大班谈话活动"恐龙乐园"等。

2.活动目标

"生活中的交流"活动目标的制订需紧扣以下关键经验:学会围绕话题交谈,学习倾听,并能用恰当的方式与他人进行表达与交流。

3.活动准备

（1）经验准备：幼儿的学习是建立在原有经验基础上的，注重对幼儿已有经验的挖掘与回顾。

（2）物质准备：具体、有趣的交流话题，较丰富的交流素材，交流方式的多样性，交流环境的宽松自由。

4.活动过程及延伸

生活中的交流活动过程，一般围绕以下5个步骤开展：

(1)选择幼儿感兴趣的交流话题。

(2)用恰当的方式引出话题。

(3)引导幼儿围绕话题展开交流。

(4)善用提问激发和推进幼儿的交流。

(5)聚焦幼儿交流话题中核心经验的提升。

活动延伸，可利用幼儿入园、离园时段或两个活动间的过渡环节，随机开展、个别交流，教师需重点关注班级中语言表达能力差或不爱说话的孩子。

(二)"生活中的交流"活动设计案例与评析

小班语言领域谈话活动——我喜欢的小动物

	活动设计	活动评析
设计意图	《3—6岁儿童学习与发展指南》语言领域提出：幼儿语言能力是在运用的过程中发展起来的，发展幼儿语言的关键是创设一个能使他们想说、敢说、喜欢说、有机会说并能得到积极应答的环境。这种自由、宽松的语言交往环境，一般表现为"童言无忌"，即：生活中的交流，无论是幼儿与父母、教师等成人的交流，还是与同伴之间的交流，都不应受到"权威"的影响，也没有"统一"的标准，在这样的交流环境中，幼儿更愿意大胆表达。进入小班后，随着对幼儿园集体生活的逐步适应。结合3岁左右儿童身心发展规律，此时的他(她)们好奇心与求知欲迅速发展，表现出好奇、好问、好模仿等学习特点，在日常生活中对新词汇的学习表现出较大的兴趣。伴随"这是什么？"或"为什么？"之类的主动提问，能迅速从成人的答案中学到很多的新词汇。这一阶段的儿童，使用的词汇量是2岁时的3倍，也是新词汇不断涌现和利用的阶段以及口语交往能力快速发展的时期。教师要注重为儿童创设让他们有话想说、敢说、能说的机会，锻炼他们的口语交往能力。设计该活动，旨在引导儿童积极参与"我喜欢的小动物"交流活动，认真倾听同伴说话，尝试围绕话题大胆地进行表达与交流。	该活动以《指南》3—4岁幼儿"倾听与表达"目标1"认真听并能听懂常用语言"，及目标2"愿意讲话并能清楚地表达"为依据，分析了本班幼儿在"倾听与表达"方面存在的问题，具体明确、有针对性。同时还分析了3—4岁幼儿的语言发展特点、词汇量的掌握情况等已有经验。紧扣幼儿喜欢小动物的兴趣点，开展"我喜欢的小动物"交流活动，引导他们"想说、敢说、喜欢说"。

续表

	活动设计	活动评析
活动目标	1.愿意参与交流活动,学习认真倾听同伴说话。 2.尝试围绕话题大胆地进行表达与交流。	目标从三个维度来制订,分别紧扣认知、能力与情感目标。
活动准备	经验准备:利用幼儿入园、餐后等过渡环节的间隙,与个别幼儿聊聊"我喜欢的小动物",对幼儿的已有经验进行初步了解。 物质准备:各种各样动物的毛绒玩具或彩色图片,分散放在活动室的桌面或墙面,将活动室创设为"动物世界"。	谈话话题的选择、环境的创设和已有经验的准备都是幼儿熟悉的,所以幼儿愿意说并且有话可说。
活动环节	1.幼儿在活动室"动物世界"中自由游戏。 (1)幼儿自由地与各种各样动物的毛绒玩具或彩色图片进行互动或与同伴结伴游戏。 (2)教师巡回观察幼儿游戏情况并引导幼儿与同伴交谈,说一说自己最喜欢的动物名称及该动物简单的生活习性(如为什么喜欢它、它生活在什么地方、爱吃什么)。 (3)教师以游戏者的身份和幼儿边游戏边交谈,引导幼儿描述自己最喜欢的动物。 2.引导幼儿围绕话题"我最喜欢的动物"进行谈话与交流。 (1)请部分幼儿说一说自己最喜欢的动物及简单的生活习性。 (2)幼儿完成交流后,教师可帮助其概括并整理谈话的主要内容,如动物名称、为什么喜欢它、它生活在哪里、爱吃什么……以便为其他幼儿的谈话提供线索。 (3)及时发现与肯定幼儿说出的新词汇或语句,运用较好的词汇组织全班幼儿集体学习、复述。 3.引出新话题,扩展谈话内容。 (1)教师:你还喜欢什么动物?为什么?你在哪里见过它? (2)鼓励幼儿与同伴相互交流。 4.延伸活动。 将各种动物玩偶与图片投放"语言区"中,在区域活动中,继续引导幼儿敢说、想说、喜欢说。	第一个环节是利用"动物世界"游戏,激发幼儿参与活动的兴趣,集中他们的注意力,从而自然引出交流的话题。 第二个环节是教师以游戏者身份引导幼儿之间进行自由交流。 第三个环节鼓励幼儿围绕话题自主交流。通过"生生互动的学习"和提问等方式引导幼儿学习表达与交流的技能。 第四个环节教师对交流内容进行了拔高,即:引出新的谈话话题,从而不断引导和鼓励幼儿运用新获得的技能不断进行表达与交流。

(三)生活中的交流活动拓展建议

围绕活动目标的落实,设计区域游戏活动玩法。

语言区:

玩法一:提供各种动物的照片,幼儿从照片中挑选出自己喜欢的小动物,围绕动物的名称、外形特点、生活习性和同伴进行讲述与交流。

玩法二:两人合作游戏"我说你猜"。一名幼儿模仿动物的叫声或对动物的外形特点进行描述,但不能直接说出动物的名字,另一名幼儿根据同伴的描述找出相应的动物。

益智区:

游戏:观察记忆类游戏——谁不见了(游戏人数8—10人)。

具体玩法:(1)师生共同游戏,桌面上摆放7—8张动物照片。(2)教师担任游戏主持人,请幼儿逐一观察,并说出动物的名称。(3)请幼儿闭上眼睛,教师快速抽走一张动物照片。(4)幼儿回忆并说出"谁不见了"。(5)幼儿熟悉游戏规则后,可轮流担任游戏主持人。

二、游戏中的听与说教育活动设计与组织

游戏中的听与说活动是用游戏的方式组织语言领域教育活动,是教师有计划组织的专门指向幼儿口语表达经验学习与巩固的集体教学活动。这种以听说训练为主的游戏是语言游戏的组成部分,但不等同于语言游戏。

(一)游戏中的听与说活动设计与组织要求

1.活动内容

每一个游戏中的听与说教学活动,都包含着幼儿语言学习的核心经验,教师通过这类活动的组织,可以将近阶段幼儿语言学习和发展中听与说存在的突出问题以游戏的方式落实到每名幼儿可接受和掌握的教育过程中,如绕口令、猜谜语等游戏活动的组织,都能较好地体现游戏中的听与说训练目的。

2.活动目标

游戏中的听与说活动目标的制订需紧扣以下关键经验:训练幼儿准确发音;学习正确使用语汇;培养幼儿灵活运用语言的能力及幽默感。

3.活动准备

(1)经验准备:准确判断、清晰掌握幼儿的"最近发展区",注重在幼儿"旧"经验的基础上建构"新"经验。

(2)物质准备:按语言规范制订游戏规则,按照一定规则进行口语表达。

4.活动过程及延伸

"游戏中的听与说"活动过程,一般围绕以下4个步骤开展:

(1)设置游戏情境。

(2)交代游戏规则。

(3)教师引导游戏。

(4)幼儿自主游戏。

"游戏中的听与说"活动延伸,可紧扣区域游戏活动开展。

(二)游戏中的听与说活动设计案例与评析

大班语言领域听说游戏活动:绕口令《羊和狼》

	活动设计	活动评析
设计意图	绕口令,顾名思义,就是一种绕口的小令。作为一种独特的语言艺术,它有意识地将一些声、韵、调极易混淆的字交叉组合编成句子,形成一种读起来很绕口但又妙趣横生的语言形式。绕口令对幼儿的语言及思维发展具有极大的促进作用,能有效地锻炼幼儿的口才,增进幼儿的记忆力,培养他们快速反应的能力。同时,绕口令的学习也是幼儿园语言领域"游戏中的听与说"活动中一种不可或缺的教育教学活动。 《羊和狼》是一首短小、有趣、难易适中、情节性较强的绕口令,其中"小山羊"和"大灰狼"的准确发音,能为孩子们带来讲述与朗诵的乐趣。随着孩子们逐渐熟悉绕口令的内容,伴随朗诵速度的加快,适度地挑战与突破重难点,非常适合大班幼儿的学习特点。	绕口令,篇幅短小,言简意明,深受孩子们的喜爱,既可以帮助孩子掌握呼吸和吐字的基本技巧,又能加强咬字器官的力度,锻炼发声器官的灵活性;帮助幼儿锻炼口才、校正发音、提高说话能力。 该活动定位于"游戏中的听与说"活动,需要教师积极创设游戏的氛围,在活动中不断培养幼儿对发音和语言结构特点的敏感性,及在游戏中灵活使用相关语言的技能。
活动目标	1.初步了解绕口令的句式特点,感知绕口令的韵律和节奏。 2.能发准字音"山羊和灰狼",尝试口齿清楚、准确流畅地朗诵绕口令,体验朗诵的乐趣。	目标从三个维度来制订,分别紧扣认知、能力与情感目标。
活动准备	经验准备:有朗诵过绕口令的经验,能一边拍手一边朗诵绕口令;会用手势语言表现小山羊和大灰狼。 物质准备:小山羊和大灰狼的手偶;木桥若干(积木建构组合)。	物质准备从幼儿经常接触的手偶入手,创设真实的过桥情境,能帮助幼儿更好地理解、记忆绕口令内容,为熟练朗诵绕口令打下基础。

续表

	活动设计	活动评析
活动过程	(一)故事导入,理解"绕口令"内容。 教师出示手偶:小羊和老狼,现场演绎它们在小桥(积木建构)上面发生的故事。 提问:这个故事发生在哪里?故事里都有谁? 小羊和老狼发生了什么事情?最后它们怎么啦? 教师小结:老师把这个故事改成了一首儿歌,我们来听一听。(老师快速朗诵绕口令) 提问:和平时听到的儿歌有什么不一样?(速度更快) (二)理解绕口令,梳理句子。 1.提问:我们刚才听到的这首儿歌叫作绕口令,让我们再仔细地听一次,看看羊和狼之间发生了什么事。 2.教师再次朗诵。(慢速) 提问:你听到了什么? 追问:能用儿歌中的话来说吗?(幼儿回答,老师借用图片让幼儿理解绕口令内容) 3.教师完成朗诵,完整呈现图谱。 (三)尝试朗诵绕口令。 1.看图谱,师幼共同朗诵绕口令。(师大声) 教师:我们看着图谱把绕口令念一念。 2.对字音(发音准确:羊和狼)进行引导,再次朗读。(师小声) 教师:刚才孩子们都能完整地朗诵出来,真棒。 请看这一句: "小山羊叫大灰狼让小山羊,大灰狼叫小山羊让大灰狼。"一定要念准了,老师小声念,你们大声。再念一次。 3.教师仔细倾听幼儿的朗诵,发现幼儿存在的问题,并及时引导其解决。 (1)引导幼儿拍手慢速朗读一次。 教师:请小朋友们小手拿出来,边拍手边念绕口令。 1234准备开始(老师起节奏)…… (2)引导幼儿拍手快速朗读一次。(没发准的字音可再次纠正)	导入配合手偶表演的故事,激发幼儿参与兴趣的同时,帮助他们理解故事内容,熟悉故事逻辑,为后面的绕口令内容记忆奠定基础。 从故事引入绕口令过渡自然,活动重难点从绕口令角色、内容过渡到"初步了解绕口令的句式特点,感知绕口令的韵律和节奏"。图谱运用巧妙,较好地帮助幼儿理解和记忆绕口令的内容。 教师对幼儿提出的语言学习要求非常具体,其目标包括了对幼儿语音学习目标的强调,着重为幼儿提供练习发音的机会。如:能发准字音"山羊和灰狼"。清晰地体现了"游戏中的听与说"活动促进幼儿语音学习和发展的目标要求。

续表

活动设计	活动评析
活动过程 教师:表现不错。如果再快一点儿你们行吗?我们来挑战一下。小手,1234准备开始…… (3)师幼再次快速拍手朗诵。 教师:我们可以再快一点吗?1234准备开始…… (四)手指游戏"羊和狼",引导幼儿用左、右两只手,分别扮演小山羊和大灰狼,边念绕口令、边用动作进行表现。 教师:我们把它改成手指游戏,一起来动一动我们的手指。 (五)接龙游戏 游戏1:教师念前半句、幼儿接后半句。 教师:"下面我们一起来玩接龙游戏。我念前半句'东边来了'你们念后半句'一只小山羊',我们来试一次,准备开始。" 游戏2:教师念前一句、幼儿接后一句。 教师:"我念'东边来了一只小山羊',你们念'西边来了一只大灰狼'。小手拍出节奏,准备开始。" (六)表演游戏 游戏1:幼儿两人一组合作玩手指游戏,一人扮演小山羊、一人扮演大灰狼,按角色分配,一边做手指游戏一边练习朗诵绕口令。 游戏2:幼儿两人一组,一人做手指游戏(两只手分别扮演小山羊和大灰狼),一人朗诵绕口令。请玩得好的幼儿进行展示,引导其余幼儿进行评价。 活动延伸: 请孩子们回家后把这首绕口令朗诵给自己的家长欣赏。 附:绕口令《羊和狼》 东边来了一只小山羊, 西边来了一只大灰狼, 一起走到小桥上, 小山羊不让大灰狼, 大灰狼不让小山羊, 小山羊叫大灰狼让小山羊, 大灰狼叫小山羊让大灰狼, 羊不让狼, 狼不让羊, 扑通一起掉到河中央。	活动过程层次感清晰,体现了"游戏中的听与说"反复练习的特点。教师在整个活动过程中设计了"教师示范—幼儿完整欣赏、分句欣赏—通过游戏的形式让幼儿反复操练"等步骤,一直在围绕"游戏中的听与说"目标进行。 活动中,教师的身份也在不断地进行转变,游戏的主导者,一步步退至游戏的观察者,逐步实现了引导幼儿熟悉游戏规则后,双人或多人独立游戏。

(三)游戏中的听与说活动拓展建议

围绕活动目标的落实,设计语言区游戏活动玩法。

玩法一:幼儿参与"绕口令朗诵大赛",比一比谁朗诵得又快、又好、又清晰。

玩法二:幼儿两人合作用接龙的方式,练习朗诵绕口令《羊和狼》。

玩法三:幼儿两人合作,一人朗诵绕口令,一人用手偶进行表演。

三、图画书的阅读与讲述教育活动设计与组织

图画书的阅读与讲述活动可以帮助幼儿了解有关书面语言的信息,培养对书面语言的兴趣,懂得书面语言的重要性,建立良好的阅读习惯。

(一)图画书的阅读与讲述活动设计与组织要求

1. 活动内容

"图画书的阅读与讲述"教育活动内容的选择,需紧扣以下两个方面:

(1)图画书内容的选择基于幼儿的兴趣及需求,贴近幼儿的生活。

(2)图画书内容的选择具有趣味性和一定的文学性。

2. 活动目标

"图画书的阅读与讲述"活动目标的制订需紧扣早期阅读能力发展的关键经验。

3. 活动准备

(1)经验准备:准确判断、清晰掌握幼儿的"最近发展区"。

依据幼儿的年龄特点和兴趣合理选材,认真分析图画书的内容和形式特征。教师需坚持自己先阅读,从教育者的角度达成对图画书内容的深层次理解,从而把握图画书阅读教育的切入点。

(2)物质准备:保证幼儿人手一册图画书。

4. 活动过程及延伸

图画书的阅读与讲述活动过程,一般围绕以下4个步骤开展:

(1)鼓励幼儿自主阅读。

(2)师生共同阅读。

(3)围绕阅读重点开展活动。

(4)归纳小结阅读内容。

图画书的阅读与讲述活动延伸,可紧扣区域游戏活动开展。

(二)图画书的阅读与讲述活动案例与评析

大班语言领域早期阅读活动:阅读讲述《团圆》

	活动设计	活动评析
设计意图	作品分析: 《团圆》是一本充满中国味的绘本,乡村的装束,朴实的民风,都让读者能深深感受到故事就在自己的身边。绘本的主题紧扣中国社会当前的大背景:外出打工。细细品味绘本画面与内容,会让孩子们在故事中找到自己的影子,节日里外出打工的爸爸回家了,和孩子共叙天伦,热闹、开心,节日过后,爸爸又将和孩子依依不舍地离别,让人心酸又无奈。孩子们如果和绘本中的小女孩毛毛有过相同的经历,就能较好地感受毛毛的心理变化,从而引发深深的共鸣。 设计意图: 大班幼儿经过小、中班阶段的逐步培养,初步养成一定的阅读习惯,能逐页、有序地进行图书的翻阅,观察画面内容,简单讲述自己的所看所想。《3—6岁儿童学习与发展指南》提出:要经常与幼儿一起阅读,引导他们以自己的经验为基础理解图书的内容。如:引导幼儿仔细观察画面,结合画面讨论故事内容,学习建立画面与故事内容的联系。绘本《团圆》进行了大量全景与特写画面的描绘,突出和再现了老百姓每逢传统节日——春节的既定画面,如用贴红色春联的形式表达对新一年的向往和期待。5—6岁的幼儿都经历过过年的欢乐场景,绘本能很好地引起孩子们阅读的兴趣。故该活动的组织,旨在引导幼儿阅读绘本,理解画面内容,感受到阅读的乐趣,感受到主人公的心理变化。能细致地观察画面,大胆表述对故事的理解。	对作品的深入挖掘与分析,是开展图画书阅读与讲述的必须环节。 在具体的教学实践中,教师将为幼儿提供人手一本的图画书,开展该早期阅读教学活动。本次活动的核心经验为:引导幼儿在图画书阅读过程中,学习与获得图画书的阅读核心经验。
活动目标	1.阅读绘本,尝试细致观察画面,大胆地表述对故事的理解。 2.通过讨论、猜测等多种方式,理解绘本内容,感受主人公的心理变化。 3.喜欢阅读,感受阅读的乐趣。	目标从三个维度来制订,分别紧扣认知、能力与情感目标。
活动准备	物质准备:幼儿人手一本图画书《团圆》、小号长尾夹若干。 经验准备:与孩子开展有关父母是否外出打工的聊天话题,如:父母是否在离家很远的地方上班?你是否会想念他们?父母什么时候会回来?去年过春节与父母怎么过的?	与孩子一起回顾相关经验,为孩子更好地阅读画面、理解画面内容做铺垫。

续表

活动设计	活动评析
一、谈话导入，引导幼儿观察绘本封面(PPT) 提问1：今天老师带来一本绘本，它讲述了小女孩毛毛和爸爸妈妈之间发生的故事，我们来看看绘本的封面上都有谁。 提问2：他们一家人在干什么？毛毛睡在哪里？你有没有在爸爸妈妈的中间睡过？是什么感觉？ 二、分段阅读绘本，理解画面内容 (一)幼儿自主阅读第1—3页，感受毛毛与爸爸久别重逢后，从不适到喜悦的心情变化。 提问：仔细观察画面，看到爸爸回家了，毛毛的心情是怎么样的？ (二)师生共同阅读第1—3页画面，理解画面内容。 1.师幼共同阅读第1页画面。 提问1：在绘本第一页里看到了谁？为什么毛毛和妈妈都起得特别早？猜一猜爸爸到哪里去了？在外面工作的爸爸可以经常回家吗？为什么？ 教师小结：因为爸爸每年要等到过年的时候才能回家，所以毛毛和妈妈都非常想念他，想早点见到他。 提问2：有谁的爸爸或妈妈也像毛毛的爸爸一样在外面上班，会分离很长时间才能回一次家？看到好久未见的爸爸或妈妈，你会和他们说些什么？又会怎么做呢？ 2.师幼共同阅读第2—3页画面，理解画面内容。 提问1：爸爸回家了，可毛毛为什么远远地躲在门边，看着爸爸不肯走近，当爸爸抱起她，她还吓得大哭呢？ 教师小结：因为爸爸在外面工作很辛苦，头发变长了，胡子也变长了，毛毛很久没有见到爸爸，所以都快认不出爸爸的样子了。 (三)幼儿自主阅读第4—14页，品味一家人团圆的喜悦。 提问：过年了，毛毛家发生了什么哪些有趣的事情？ (四)师生共同阅读第4—14页画面，理解画面内容。 1.师生共同阅读第4—8页画面内容。 提问：看着绘本画面，我们猜一猜，过年啦，毛毛和爸爸、妈妈一起做了哪些事情？ 教师小结：贴春联、挂灯笼或彩灯、准备好吃的、看(放)烟花。 2.师生共同阅读第9—11页画面内容。 提问1：过年的时候，你吃过包着钱币的汤圆吗？ 教师小结：吃汤圆是我国南方很多地区盛行的一种过年方式，人们常常会在汤圆里包进一个硬币，谁吃到它谁就会交好运，谁就会有一年的好福气。	观察绘本封面，激发儿童的阅读兴趣。 教师可用小号长尾夹把绘本的书页夹起来，如：第4—14页，第15—17页，第18页—封底，引导幼儿有针对性地进行阅读。 在师生共同阅读阅读环节，教师可以将绘本画面制作成PPT或放在投影仪下面，为幼儿针对性阅读和理解创设条件。 引导幼儿感受与理解，毛毛与爸爸久别重逢后，从不适到喜悦的心情变化。 教师提示幼儿打开长尾夹所夹着的书页，完成对画面的自主阅读。

（活动过程）

续表

活动设计	活动评析
提问2:猜一猜,谁吃到了好运硬币?这时毛毛的心情是怎么样?为什么? 提问3:为什么爸爸看到毛毛吃到了包着好运硬币的汤圆比她还开心呢? 3.师生共同阅读第12—14页画面内容。 提问:为什么毛毛不觉得大春的大红包稀奇,猜猜此时她的心里是怎么想的? 教师小结:在毛毛心里,她的好运硬币是独一无二的宝贝,会给她带来一年的好运气,是任何大红包都比不上的。 (五)幼儿自主阅读第15—24页,感受毛毛和爸爸在春节假期里经历登屋顶远眺、硬币遗失等小插曲。 提问:在和小伙伴们一起快乐游戏的时候,毛毛遇到了什么事情? (六)师生共同阅读第15—24页画面,理解画面内容。 1.师生共同阅读第15—17页画面内容。 提问:毛毛的爸爸是个怎样的爸爸? 教师小结:毛毛的爸爸是个勤劳很爱家的好爸爸,他对家人的爱都藏在了补窗户缝、刷门漆、换灯泡等费力又琐碎的事情里。此时的毛毛好爱爸爸哦,变成爸爸的小跟班,给爸爸端茶送水。 2.师生共同阅读第18—20页画面,感受毛毛与爸爸在屋顶上看到的过年情景,体验过年的热闹与团圆的欢愉。 3.师生共同阅读第21—24页画面内容。 提问:毛毛堆完雪人、打完雪仗后回到家后,发生了什么事情?这时毛毛的心情是怎样的?猜一猜毛毛的好运硬币能找回来吗? (七)幼儿自主阅读第25页—封底,感受毛毛的好运硬币失而复得的喜悦,以及与爸爸分离的不舍与难过。(引导幼儿带着问题,边思考边自主阅读) 提问:毛毛好运硬币找到了吗?爸爸要走了,毛毛的心情又是怎样的? (八)师生共同阅读第25页—封底,理解画面内容。 1.师生共同阅读第25—27页画面,感受毛毛因为好运硬币失而复得的心情变化。 2.师生共同阅读第28页—封底,理解画面内容。 提问1:爸爸要走了,毛毛的心情怎样? 提问2:毛毛想要洋娃娃吗?猜一猜,她想送给爸爸什么?	不断引导幼儿理解画面内容,能大胆想象、猜测并讲述观察到的绘本画面内容。 结合幼儿的生活经验,不断鼓励和训练他们想说、敢说、喜欢说。 幼儿在前、教师在后,猜想在前、小结在后。逐步引导幼儿有序阅读绘本,理解画面内容。 带着问题的阅读,使儿童的阅读目标更有针对性。

(左侧栏标注:活动过程)

续表

活动设计	活动评析
三、配合音乐,完整欣赏并阅读绘本画面,感受毛毛的心理变化。 提问1:为什么毛毛要把这枚自己非常喜欢的好运硬币送给爸爸?(引导幼儿带着上述问题,边思考边完整欣赏、阅读绘本画面) 教师小结:爸爸要走了,毛毛把硬币送给爸爸,她要让这枚能带来好运的硬币给爸爸带来好运,保佑爸爸健康、平安。 提问2:当你的爸爸或妈妈要离开你去外面工作的时候,你的心情怎么样?你会对爸爸或妈妈说些什么或做些什么? 教师小结:在我们身边,也有爸爸或妈妈和毛毛的爸爸一样在很远的地方上班,过很长时间才能回家,想念爸爸妈妈时我们可以给他们打电话。同时,在家里也要好好听辛苦照顾我们的爷爷奶奶的话,做一个最能干的宝贝,让爸爸妈妈一回家,就发现我们长大了,是他们最棒的好孩子。 四、延伸活动:欣赏封底 提问:这是谁的桌子?为什么会有一个透明的小瓶子?里面装着什么? 教师小结:这是爸爸工作的地方,小瓶子里放着毛毛送给爸爸的好运硬币。图片中小的细节都在诉说着,无论爸爸离家有多远,他最思念的永远是毛毛和妈妈。在阅读的时候,往往只要我们仔细观察,总能找到一些小细节和小故事。	引导幼儿完整欣赏故事时,教师要注重幼儿阅读习惯的培养。教师可随背景音乐有感情地讲述绘本,幼儿一边倾听教师的讲述,一边随绘本故事情节的发展逐页翻看绘本画面,完整欣赏绘本,理解故事内容。 绘本封底的欣赏,为这个温馨的故事画上了一个圆满的句号。当爸爸看到好运硬币时,就好似毛毛和妈妈陪在他的身边。好运硬币会给爸爸带来好运,这也是毛毛对爸爸最美好的爱与祝愿。同时,阅读中发现的小细节,也给孩子们带来满满的惊喜与快乐。

（活动过程）

(三)图画书的阅读与讲述活动拓展建议

围绕活动目标的落实,设计区域游戏活动玩法。

玩法一:将绘本《团圆》投放在语言区书架上,幼儿进行自主阅读与讲述。

玩法二:举办"小小故事会",请小故事大王为全班幼儿完整地讲述故事"团圆"。

玩法三:"团圆小剧场",为幼儿提供服装、道具,请孩子们分别扮演故事中的角色,用动作和语言呈现故事情节。

四、文学作品欣赏与表现教育活动设计与组织

儿童文学作品以书面语言的形式储存语言信息,幼儿需要通过聆听、诵读、阅读画面、观看动画等方式接受文学作品传递出的信息。因此任何一个"文学作品欣赏与表现"活动,都必须从文学作品入手,围绕文学作品开展活动,让幼儿理解文学作品含载的丰富有趣的信息。

(一)文学作品欣赏与表现活动设计与组织要求

1.活动内容

"文学作品欣赏与表现"主要包含对儿童诗歌、儿童故事和儿童散文等各种儿童文学体裁作品的赏析和表演、创编等表现。

2.活动目标

"文学作品欣赏与表现"活动目标的制订需紧扣以下关键经验:初步感受文学作品的题材、结构与表现手段,理解和使用叙事性语言表达方式。

3.活动准备

(1)经验准备:准确判断、清晰掌握幼儿的"最近发展区";深入理解文学作品内涵。

(2)物质准备:可将文学作品制作成PPT或动画,方便幼儿阅读和理解。

4.活动过程及延伸

"文学作品欣赏与表现"活动过程,一般围绕以下4个步骤开展:

(1)学习文学作品。

(2)理解体验作品。

(3)迁移文学作品经验。

(4)创造性想象与语言表述。

"文学作品欣赏与表现"延伸活动可延长活动的开展,将故事较长的文学作品欣赏活动分为两个活动来进行,各有重点。如:文学作品《逃家小兔》,第一个活动主要目标可以定位于理解故事内容;第二个活动的主要目标就可以定位于尝试有感情地讲述故事。

(二)文学作品欣赏与表现活动案例与评析

大班语言领域文学欣赏与表现活动:欣赏《我是小雀鸟亨利》并表现

活动设计		活动评析
设计意图	作品分析: 文学作品《我是小雀鸟亨利》的文字部分,来自英国新锐插画家,儿童绘本作家亚历克西斯·迪肯,而插图部分则来自英国儿童绘本作家和插画家维维亚娜·施瓦茨。和所有优秀的儿童文学作品一样,这个作品幽默诙谐、用色大胆,非常有互动性,如:作品中小雀鸟亨利梦想变伟大的画面;它在野兽肚子里心情平复后的心理活动。一幅幅小插图如迷宫般排列,用小雀鸟的浮想联翩,激发着孩子们天马行空的想象,能衍生出许多的小故事,不断启发孩子们的创意思维。此时观察与讲述的结合,是提高孩子们语言表达能力的最好契机。故事的语言简洁、灵巧、诙谐,以一种怡人的方式愉悦着孩子。伴随故事情节的发展,我们看到一只小鸟或者说一个孩子独立而勇敢的力量,引领小雀鸟亨利—也让阅读的孩子—成为突破自己的见证者。从此,小雀鸟亨利和它所经历的克服困难之旅,被纳入了孩子们的内心世界。这个作品让孩子们看到了一只小鸟在勇气和梦想的支撑下,不断克服困难,最终取得成功的经历。 计意图: 经过小班、中班两年"语言领域"听、说、读等综合能力的培训,孩子们已经养成一定的阅读常规,语言表达能力也在不断积累、提升。《3—6岁儿童学习与发展指南》提出:"引导幼儿仔细观察画面,结合画面讨论故事内容,学习建立画面与故事内容的联系。鼓励幼儿依据画面线索讲述故事,大胆推测、想象故事情节的发展,改编故事部分情节或续编故事结尾。"绘本故事《我是小雀鸟亨利》画面简洁、清爽,故事情节脉络清晰,小故事蕴含大道理,很适合大班幼儿进行阅读。故将该文学作品引入孩子们的集体教学,旨在引导幼儿理解故事内容,尝试仔细观察画面,大胆猜测、想象故事情节。感受亨利的变化,初步理解心怀梦想就能战胜困难、获得成功。	对文学作品的深入挖掘与分析,是开展文学作品欣赏教育的关键。儿童文学作品来源于儿童生活的同时又高于儿童生活。借助想象与推测,可以帮助儿童将文学作品中所描述的形象和意境与自己的生活连接起来。
活动目标	1.理解故事内容,尝试仔细观察画面细节,大胆猜测、想象故事情节。 2.感受亨利的变化,初步理解心怀梦想就能战胜困难、获得成功。	目标从三个维度来制订,分别紧扣认知、能力与情感目标。

续表

	活动设计	活动评析
活动准备	经验准备：在幼儿进餐前后、离园前后开展关于"梦想"的话题。 物质准备：绘本故事《我是小雀鸟亨利》PPT。	丰富关于梦想的经验。
活动过程	一、观察封面，引出主人公亨利和绘本故事的名字。 提问：它是谁？这是一只怎样的小鸟？ 二、分段讲述故事，理解故事内容。 （一）讲述PPT第3、4页（开始部分：小雀鸟每天互相问好），感受小鸟群的热闹和每天周而复始单调的生活。 （二）仔细观察PPT第5页（小雀鸟诸多的想法），理解"伟大"的含义，感受亨利的与众不同。 提问：亨利的小脑袋里都有些什么想法？什么是"伟大"？ （三）仔细观察PPT第6页（遇到野兽），大胆猜测、想象故事情节。 提问：面对张着大嘴的野兽，亨利会怎么办？ （四）仔细观察PPT第7页（亨利在野兽的肚子里），大胆猜测、想象故事情节。 提问：亨利在野兽肚子里心情怎么样？为什么？它该怎么办？ （五）讲述PPT第7页至结束，理解故事内容。 提问：亨利是怎样逃出野兽的肚子，重获自由的？为什么亨利的小伙伴们，听了它的战胜野兽的故事后，都忙着飞走了？ 三、感受亨利的变化，初步理解心怀梦想就能战胜困难、获得成功。 （一）问题前置：在被野兽吞进肚子的这段时间里，亨利的心情有什么变化？ （二）幼儿完整听故事。 （三）分享前置问题。 教师小结：心怀梦想、冷静而不畏惧地面对困难，就能想出方法、战胜困难、获得成功。 （四）讨论：孩子们你们的梦想是什么？在实现梦想的过程中，遇到过什么困难吗？你们是怎么做的？ 教师小结：人人都有梦想，随着一个个梦想的实现，我们能一步步成长，成为更好的自己。在实现梦想的过程中，我们一定也会遇到困难，只要我们坚持自己的梦想，用冷静的头脑想办法去克服困难，我们就一定会战胜困难、获得成功。	认识故事的主角——小雀鸟亨利。 逐步理解故事内容。 落实幼儿是否理解故事内容，完成让幼儿尝试仔细观察画面细节，大胆猜测、想象故事情节的活动目标。 逐步深入理解故事内容，尝试讲述亨利在野兽肚子所经历的事情。 落实活动目标2，感受亨利的变化，初步理解心怀梦想就能战胜困难、获得成功。

(三)文学作品欣赏与表现活动拓展建议

围绕活动目标的落实,设计语言区游戏活动玩法。

玩法一:将文学作品《我是小雀鸟亨利》投放在语言区书架上,供幼儿自主阅读与讲述。

玩法二:举办"小小故事会",请小故事大王为全班幼儿完整讲述故事。

玩法三:提供手偶或头饰,鼓励幼儿合作表演故事。

玩法四:鼓励幼儿进行故事情节的创编或故事结尾的续编,尝试把创编的情节用语言讲述或用绘画的方式表现出来。

第五章

乡村幼儿园社会领域教育活动的组织与指导

学习目标

◎ 乡村幼儿社会性教育的关键经验。

◎ 乡村幼儿园社会教育活动的指导策略。

◎ 乡村幼儿园社会教育活动的设计与组织。

思维导图

乡村幼儿园社会领域教育活动的组织与指导
- 乡村幼儿社会性发展关键经验与教育策略
  - 乡村幼儿社会性教育的关键经验
  - 乡村幼儿园社会教育活动的指导策略
- 乡村幼儿园社会领域教育活动设计与组织
  - 自我意识教育活动设计与组织
  - 亲子关系教育活动与组织
  - 亲社会行为教育活动设计与组织
  - 规则意识教育活动设计与组织

儿童从出生那一刻起就处于一定的社会环境和社会关系之中,社会化是他们一生学习与发展的基本过程,贯穿生命的始终。幼儿阶段是人社会性发展的重要时期,在这一时期形成的对自己、对他人、对事情的看法与态度,不仅影响到童年的自我认同和幸福感,更有可能影响其一生快乐和人际交往的能力。在这个时期,幼儿将学习怎样看待自己,怎样对待他人;怎样与人相处,建立关系;逐步通过认识周围的社会环境来内化学习社会行为规范,从而发展他们适应社会生活的能力。随着全球化的发展,对于人与人如何建立良好的关系越发被重视。本章将结合乡村幼儿社会性发展的特点,从幼儿自我意识、亲子关系、亲社会行为以及规则意识的培养着手,阐述如何促进幼儿社会性的发展。

第一节　乡村幼儿社会性发展关键经验与教育策略

一、乡村幼儿社会性教育的关键经验

幼儿社会性发展的关键经验包括指向幼儿的自我意识经验、指向他人的人际关系经验、指向社会文化经验三个维度,针对乡村幼儿社会性发展的特点,从以下四个方面来进行关键经验的阐述[①]。

(一)自我意识

自我意识是人对自己以及自己与客观世界关系的一种意识,其关键经验包括自我认识、自我体验和自我控制。自我认识体现在幼儿对自我的评价方面;自我体验体现在幼儿的自信心方面;自我控制体现在幼儿自觉选择目标,在没有外界监督的情况下,抑制冲动、抵制诱惑、延迟满足,控制、调节自己的行为。幼儿自我意识的发展受

---

① 刘晶波.幼儿园社会领域教育精要——关键经验与活动指导[M].北京:教育科学出版社,2015:63-142.

到生物因素、重要他人、社会文化环境和经济地位的影响。3—6岁幼儿的自我意识比较具体,主要体现在对身体特征、自我表现、活动能力以及所拥有的物品等方面。

(二)亲子关系

亲子关系是幼儿与长辈(爷爷奶奶、外公外婆、爸爸妈妈)建立的关系,良好亲子关系的建立为成年后的各类关系奠定基础。其关键经验包括幼儿在家庭中的归属感,对家庭成员角色的认知;必须掌握的社交礼仪以及维持人际关系和平需要的道歉行为和意识;与长辈交往时表现出对成人的尊敬和关心,以及希望获得平等对待的公平感。

(三)亲社会行为

亲社会行为是个体社会性发展的重要标志,是一种道德行为。其关键经验包括幼儿主动、自愿与同伴对某种资源的分享行为;幼儿之间因某种原因共同喜欢或需要的物品、角色、空间等资源产生冲突时,愿意主动让给对方的谦让行为;两个或两个以上幼儿为完成同一个目标互相配合与协调的合作行为;当面对自我困境时向他人寻求帮助的求助行为;觉察到同伴消极情绪状态,如烦恼、忧伤和痛苦时,试图通过语言、行动或物品使同伴消除消极情绪状态,变得高兴起来的安慰行为。

(四)规则意识

规则意识是发自内心的、规范自己行动准绳的意识。幼儿期是萌生规则意识和形成初步规则的重要时期。其关键经验包括规则的认识和理解,体验并遵守基本的社会行为规则,与同伴共同协商制订游戏规则和活动规则。

二、乡村幼儿园社会教育活动的指导策略

(一)目标制订注重情感与体验

乡村幼儿园社会领域教育活动在目标的制订方面注重说教和认知层面,忽视幼儿的情感体验目标,因此在制订目标时要根据幼儿社会性发展的关键经验,从情感态度、体验交流和认知能力方面出发,同时要了解不同年龄阶段的幼儿在社会性发展方面存在的问题,认真客观分析现状,制订切实能让幼儿在教育活动中社会性发展的目标。

(二)内容选择体现丰富多元

活动内容是有效开展幼儿社会领域教育活动的载体。教师可以从主题活动、礼仪行为、日常生活中了解和发现可以开展的相关教育内容。

1.主题活动

以幼儿社会性发展为主题的教育活动包括社会认知主题活动(传统节日主题活动"红彤彤的年",重大节日主题活动"祖国妈妈的生日"等)和社会情感主题活动(小班刚入园适应的主题活动"我爱我的幼儿园""我爱我家",升班环境变化的主题活动"我是大班的哥哥姐姐"等),均可作为促进幼儿社会性发展的活动内容。其中传统节日中蕴含着社会认知、社会情感、亲情关系等促进幼儿社会性发展的价值,"春节"和"中秋节"是中国传统节日中非常重要的节日,包含了节日传说故事、节日习俗等有关社会认知的内容,同时也包含了团圆、聚会、陪伴等社会情感与亲情关系的内容,可以有效促进幼儿社会性发展。

2.礼仪行为

幼儿具有良好的礼仪行为规范是社会性发展的行为表现。教师可以从幼儿入园问候、离园再见,有礼貌地向他人表示感谢,学习微笑,学习如何递接物品、如何在公众场合遵守相关的礼仪规范中选择适合乡村幼儿的学习内容组织相关的社会领域教育活动。

3.日常生活

日常生活中幼儿与同伴交往时是教师观察和了解其社会性发展真实状况的良好时机。教师要善于观察幼儿在日常生活中如何与同伴交流、分享与合作,当出现同伴冲突时他们如何解决的行为,发现在班级常规的培养中存在的问题,这些都可以作为教师开展社会领域教育活动的内容。

(三)方法途径呈现多种多样[①]

1.正面鼓励

正面鼓励策略是社会领域教育活动的重要策略。教师通过观察在一日活动中表现出良好社会性发展的幼儿(比如有的幼儿喜欢帮助别人、有的幼儿比较有礼貌、有的幼儿懂得合作和分享、有的幼儿则遵守规则等,这些幼儿的行为都具有榜样和示范

[①] 周梅林.学前儿童社会教育活动指导(第2版)[M].上海:复旦大学出版社,2012:44—80.

作用），及时鼓励他们的好行为，以起到正面强化的作用。

2.角色扮演

角色游戏是幼儿喜欢的创造性游戏，他们可以通过扮演社会角色，创造性地反映现实生活，模仿成人的社会活动。比如大班的幼儿有一定的责任感和合作意识，能主动寻求同伴和教师的帮忙，能尝试利用不同的小工具来解决问题。教师可以设计"小小修理师"的活动，和幼儿一起准备废旧材料和工具，让幼儿在扮演修理师的同时根据需要自己选择适用的小工具，自己尝试解决问题，让他们充分感受到自由活动的快乐、交流的快乐、合作的快乐、发现问题和解决问题的快乐。

3.移情同理

会移情和同理是幼儿良好社会性发展的重要标志。在教师讲述一些感人的故事时，有的幼儿比较容易体会到故事角色的喜怒哀乐等不同情绪；当同伴有难过的事情流泪时，同理心强的幼儿能够产生感同身受的情感。社会教育活动中教师可选取有社会性教育价值的绘本故事作为活动的导入，也可以从网上搜集下载感人的小故事视频，这些素材能够帮助幼儿发展移情和同理心，逐渐从自我为中心的自我意识过渡到考虑他人的感受。

4.环境熏陶

幼儿社会性的发展离不开和谐的班级精神环境，教师要为幼儿创设一个有爱、温暖、包容、自主的班级环境，让幼儿在园获得安全感，并引导幼儿遵守班级和幼儿园的规则，在幼儿升入大班后可以和他们一起制订班级规则，通过环境让幼儿在潜移默化中获得关爱他人、互相谦让和分享、制订游戏规则等社会性的发展。

5.家庭强化

幼儿社会行为习惯与能力的培养，需要在家庭和日常生活中进行强化。教师要注重与家长及时沟通，让家长了解到幼儿需要学习的社会行为礼仪规范，与人交往的方式方法等，然后指导家长在家庭中规范和强化，帮助幼儿巩固在幼儿园里学习和体验的内容。

第二节
乡村幼儿园社会领域教育活动设计与组织

幼儿社会领域教育活动内容十分广泛,结合关键经验和不同教育内容的活动及具体方法、过程和指导策略的不同,从自我意识、亲子关系、亲社会行为、规则意识四个关键经验中阐述这四类的集中教育活动。

一、自我意识教育活动设计与组织

自我意识教育活动主要是指专门针对幼儿自我意识培养组织开展的集中教育活动。包括对自我的认知、自我的评价以及自我的控制。

(一)自我意识教育活动设计与组织要求

1.活动内容

幼儿随着年龄的增长和升班,对自身的变化会产生一些新的认知,可结合实际情况开展这类活动,同时也可以选择蕴含"自我意识"教育价值的绘本(如《我不是完美小孩》《我就是我》等)进行活动的设计。

2.活动目标

结合幼儿实际情况和自我意识的关键经验从情感态度、认知和能力三个维度来制订。

3.活动准备

(1)经验准备:不同年龄阶段幼儿的自我意识发展的特点是教师组织开展此类活动的基础,教师需要在日常生活中关注幼儿在自我认知、自我评价和自我控制方面的发展水平,以此作为经验准备来设计组织活动。

(2)物质准备:绘本是设计和组织此类活动的重要载体。教师需要对绘本中促进幼儿自我意识发展的内容进行分析和选取,不用讲述整本内容(避免组织成语言活动),也可以收集整理日常生活中的一些照片和图片资料。

4.活动过程及延伸

以故事、谈话等方式导入(激发幼儿对自我成长的思考)—讲述故事、观察图片或体验游戏(结合故事或图片中有关自我意识方面的内容进行提问,组织幼儿进行讨论、交流与游戏)—联系生活实际(尤其是以绘本作为载体的此类活动一定要注意从绘本中"跳出来",结合幼儿的实际生活)—教师小结(帮助幼儿梳理总结相关经验)—活动延伸(与生活和家园教育相结合)。

(二)自我意识教育活动案例与评析

大班社会领域教育活动:"我就是我"——自我意识

活动设计		活动评析
设计意图	《3—6岁儿童学习与发展指南》中社会领域"人际交往"目标3"具有自尊、自信、自主的表现"中4—5岁儿童要:"知道自己的一些优点和长处,并对此感到满意"。我班幼儿刚升入大班,对自我的评价往往依附于成人的评价,由于在日常生活中常常听到的成人对自己的评价总是一些"要求",比如:要再听话一些,不要打人等,他们对自己的优点认识很单一和片面,也不太清楚同伴有什么具体的优点。绘本故事《我的优点是什么》讲述了一个个子矮、力气小、跑步慢的小女孩"小爱"在好朋友的帮助下发现自己也有优点即"喜欢帮助他人",故事贴近幼儿的生活认知,能够激起幼儿的共鸣与思考。通过移情帮助幼儿学会正确认识自己,建立正确的自尊。	该活动以《指南》4—5岁儿童"人际交往"目标3为依据,分析了本班幼儿在自我意识中"自我评价"方面存在的问题,具体明确、有针对性。同时还分析了所选取的绘本故事《我的优点是什么》讲述的内容以及和目标达成之间的关联。逻辑关系清晰。
活动目标	1.知道每一个人都是不一样的,了解自己有哪些优点,发现同伴的优点。 2.喜欢自己,愿意接纳不一样的自己和同伴。	目标从三个维度来制订:认知自己的优点(认知目标),发现同伴的优点(能力目标),喜欢和接纳自己以及同伴(情感目标)。

续表

活动设计	活动评析
活动准备 1.绘本故事《我的优点是什么》扫描后制作PPT播放（没有播放条件的可以直接用讲述的方式），班级教师、本园个别幼儿比较熟悉的教师照片，喜剧演员宋小宝、残奥会游泳冠军王家超的图片、介绍或相关视频。 2.一张A4纸，贴上幼儿的照片，并画上一些格子。	提供绘本故事或PPT、熟悉老师以及演员、世界冠军的照片，能够直观地让幼儿感知和理解；A4纸贴上幼儿照片有利于幼儿自己用图画的方式记录或可以请教师用文字帮助自己记录。
活动过程 一、故事导入：《我的优点是什么》。 1.小爱找到优点了吗？她的优点是什么？ 2.朵朵的优点是什么？ 3.教师小结：优点是指每一个人的长处、好的地方，可以是长得好看，也可以是跑得快、力气大、爱帮助人，还可以是勇敢、能够坚持做一件事情等等，每一个人都有自己的优点。 二、游戏：说说我的优点，找找你的优点。 1.小朋友知道自己的优点是什么吗？我们来玩一个游戏"击鼓传花说优点"，请听清楚规则：鼓声停时花在谁手中，谁起来介绍自己的一个优点和一个好朋友的一个优点。（教师可以在A4纸上标识出来或者用符号标识） 2.再玩一个游戏"画出我的优点"，规则是：幼儿在A4纸的格子里用自己知道的标识画出自己的优点，再请1—2个好朋友帮自己找一找其他的优点。 三、认识那些不一样的人的优点。 1.说说本班老师和幼儿园其他老师的优点 (1)这是我们班的×老师，说说×老师的优点。 (2)这是幼儿园的×老师，说说×老师的优点。	绘本的故事形象生动，能够吸引幼儿倾听的注意力，同时为拓展幼儿对于优点的认知起到铺垫的作用。第二个环节采用动静相结合的原则，设计了两个游戏，"击鼓传花"的游戏针对的是少数孩子对自己优点的介绍，起到的是一个示范作用（幼儿需要等待，故传4—5个孩子即可，不宜过长分散注意力）。"画出我的优点"让每一个孩子都能够思考和表达自己的优点，同时体现从"说"过渡到"画"由易到难。

续表

活动设计	活动评析
活动过程 2.教师出示残奥会冠军"王家超"的照片,幼儿讨论。 (1)他的身体怎么了?你认为他会有什么优点? (2)向幼儿介绍并依次出示王家超比赛获奖的图片。 3.教师出示喜剧演员"宋小宝"的照片,幼儿讨论。 (1)你见过他吗?他的优点是什么? (2)向幼儿介绍并依次出示他演出的图片。 4.教师小结:我们每一个人都不一样,都有自己的优点,老师的优点就是会讲故事,做一个小朋友们喜欢的幼儿园老师。看到小朋友们一天天长大就是老师最开心、最幸福的事情(教师可结合自己的个人优点做最后的小结)。 5.拓展:找找身边人还有哪些优点。	第三个环节采用移情迁移策略,让幼儿按照自己身边熟悉的本班教师—本园个别教师—残奥会的冠军"王家超"—娱乐节目的演员"宋小宝"的顺序,寻找不同人物的优点。帮助幼儿由近到远地认识和了解优点。教师的小结帮助幼儿明确每一个人都有自己的优点。 拓展环节可以再次增加幼儿对"找优点"的兴趣,有利于幼儿在生活中关注他人的优点。

(三)自我意识教育活动拓展建议

(1)幼儿的自我认知在实际的生活和游戏中逐渐形成,教师可通过其他领域的活动,让幼儿感受到自己在体能、语言、探究、艺术等方面的独特之处,帮助幼儿从不同的角度认识自己和同伴。

(2)教师可结合区域活动设置和环境创设拓展进行幼儿自我意识的培养,比如小班益智区活动"猜猜谁是我"(提供幼儿婴儿时的照片与近照进行配对认知);大班环境创设设置"我的情绪我做主"活动,让幼儿学习分辨自己的情绪并找到自我控制和疏导的好方法。

(3)在日常生活中,教师可利用餐前组织大班幼儿开展"我说你猜,猜他是谁"的语言游戏活动,让幼儿通过对同伴的语言描述来评价他人。

(4)教师同样也需要对自己有正确的认知和自我认同价值感,可通过观看一些含教育意义的影片如《放牛班的春天》《心灵捕手》《嗝嗝老师》《地球上的星星》《麦兜的故事》等丰富自己对教育、对自己的认识和思考。

二、亲子关系教育活动与组织

亲子关系教育活动是指专门针对幼儿与父母或者主要抚养者之间亲密关系建立组织开展的教育活动。

(一)亲子关系教育活动设计与组织要求

1. 活动内容

可结合一些节日如"三八妇女节""母亲节""父亲节""重阳节"等选择设计有关于亲子关系建立的活动,同时也可以选择蕴含"亲子关系"教育价值的绘本(如《团圆》《我爸爸》《我妈妈》《我讨厌妈妈》等)进行活动的设计。

2. 活动目标

结合幼儿实际情况和亲子关系的关键经验从情感态度、认知和能力三个维度、两个角度(幼儿与成人)来制订。

3. 活动准备

(1)经验准备:幼儿与父母和主要抚养者之间的亲子关系现状是教师组织开展此类活动基础,教师需要了解幼儿在家庭中的亲子互动情况并以此作为经验准备来设计组织活动。

(2)物质准备:绘本是设计和组织此类活动的重要载体,教师需要对绘本中促进幼儿亲子关系发展的内容进行分析和选取,不用将整本内容进行讲述(避免组织成语言活动);也可结合节日活动的开展收集整理幼儿的亲子照片资料。

4. 活动过程及延伸

以故事、谈话等方式导入(激发幼儿对自我成长的思考)—讲述故事、观察图片或体验游戏(结合故事或图片中有关亲子关系方面的内容进行提问,组织幼儿进行讨论、交流与游戏)—联系生活实际(尤其是用绘本作为载体的此类活动一定要注意从绘本中"跳出来",结合幼儿的实际生活)—教师小结(帮助幼儿梳理总结相关经验)—活动延伸(与生活和家园教育相结合)。

(二)亲子关系教育活动案例与评析

大班社会教育活动:"爱的存款箱"——亲子关系

活动设计		活动评析
设计意图	《3—6岁儿童学习与发展指南》社会领域"社会适应"目标3"具有初步的归属感"中建议:"通过和幼儿一起翻阅照片、讲幼儿成长的故事等,让幼儿……对养育自己的人产生感激之情"。我班幼儿中有一部分是留守儿童,他们平时和爷爷奶奶在一起生活,只有在春节时才能见到外出务工回家过年的父母,父母让他们既感到陌生又想亲近却不知如何表达。祖辈主要负责幼儿的起居饮食,与幼儿的情感沟通较欠缺;部分和父母一起生活的幼儿也因为农村父母不善于表达情感,平日的相处中也存在此类问题。通过邀请陪伴幼儿成长的祖辈和父辈到幼儿园参加活动增进彼此互动与交流,同时课件"讨厌妈妈的小兔子"能够让幼儿进行情感迁移,外出务工父母爱的思念的短视频能安慰到部分的留守儿童,让幼儿在与亲人的互相分享与交流中,学会互相理解,感谢彼此的陪伴。	该活动以《指南》中"人际交往"和"社会适应"中的目标和建议为依据,分析了本班幼儿在亲子关系中的现状,具体明确、有针对性。采用亲子座谈的形式营造轻松的交流氛围,通过游戏与图片表述、情感迁移等方式将活动不断推进,逻辑关系清晰。
活动目标	1.感受彼此陪伴的温情,能够互相理解和包容。大人理解幼儿时有的调皮和不懂事,幼儿理解亲人时有的不够耐心和发脾气。 2.学习一些正确沟通和表达的方式方法。	目标从三个维度来制订:感受陪伴的温情(情感目标),互相理解和包容以及学习正确沟通的方法(认知、能力目标)。
活动准备	1.座位摆放为双层U形,前排幼儿就座,后排参加活动的亲人就座。 2.一个箱子的图片,一些爱心卡片;课件"讨厌妈妈的小兔子"。 3.与幼儿外出务工的父母取得联系,请他们录制一个短视频,表达对孩子的想念和爱。	座位采用"U形"对应就座,便于交流和互动;爱心卡片与箱子的图片能形象地呈现"爱的存款箱"中浓浓的"爱";课件中"讨厌妈妈的小兔子"能够通过角色感进行情感迁移;外出务工父母的短视频有利于情感的延伸。

续表

活动设计	活动评析
一、谈话导入,介绍亲人。 1.今天老师邀请了你们的亲人,老师闭上眼睛,手摸到谁的头,就请谁向大家介绍一下吧。 2.幼儿逐一介绍亲人:这是我的××,他的力气很大(说出亲人的一个特点)。 二、游戏:爱的存款箱。 1.出示图片(一个箱子),教师介绍:这是一个神奇的箱子,叫"爱的存款箱"(出示爱心卡片,粘贴到存款箱里),里面装的是爱。 2.游戏——"爱的存款箱"。 (1)教师示范(邀请另一位教师或平时善于表达的一位幼儿),两人面对面而坐,膝盖相对,四手相握。眼睛注视对方的眼睛,说出你"欣赏对方的1—2个优点,此优点需要用一件事情来说明"(如:有爱心,每天早早起床,给全家人做早饭等),"最后说出一句对对方的感谢"(如:谢谢你照顾我,做饭给我吃)。 (2)幼儿与亲人玩游戏"爱的存款箱"。 三、观看课件,情感迁移,尝试互相理解对方。 1.播放PPT课件"讨厌妈妈的小兔子"(无多媒体可打印图片)。 2.提问。 为什么小兔子会讨厌妈妈?(幼儿回答) 妈妈为什么要这样做?(大人回答) 3.生活中会不会有像小兔子和妈妈这样的事情发生?(吐吐槽) 四、分组讨论,学习正确的沟通和表达方式。 1.讨论:当爸爸妈妈、爷爷奶奶生气时,你希望他们不要做什么?(幼儿) 2.讨论:当孩子做错事情惹你生气时,你可以怎么做?(成人) 3.教师小结:在和亲人的相处过程中,我们都难免会让对方不高兴。大人和孩子都要学会把自己的情绪告诉对方,大人一定不要带着情绪责打孩子,多给孩子一些时间和空间来成长,多陪伴孩子;孩子们要能够理解大人有时候的不够耐心和发脾气。 五、活动延伸:爱的礼物。(播放个别外出务工幼儿父母录制的表达爱的短视频)	以有趣的"摸头"方式让幼儿介绍自己的亲人,能够增加趣味性,很快打破人与人之间的陌生感。 第二个环节采用图片形象生动地介绍"爱的存款箱",便于幼儿理解。教师的示范让幼儿和亲人可以模仿进行"爱的存款箱"的游戏,通过欣赏和感谢,能够让彼此感受到爱,为下一环节的"吐槽"奠定安全的关系基础。 环节三通过"小兔子"对妈妈在生活中对自己"不好"的吐槽,让幼儿和成人尝试从不同的角度看待问题,同时把平时自己认为不高兴的一些事情表达出来。 环节四启发大家通过讨论,总结一些正确表达情绪、情感的方式方法,教师的小结再次提醒大人们用心陪伴孩子们成长很重要。 最后的延伸环节是专门为父母在外务工的幼儿准备的,利用互联网传递远方亲人的思念。

(三)亲子关系教育活动拓展建议

(1)家人与幼儿的亲子关系是在互相的陪伴中建立起来的,教师在家园沟通中要指导家长学会用肯定的语言来鼓励幼儿,当幼儿犯错时,不要情绪化打骂孩子,学习一些冷静的方法,耐心和孩子沟通交流。

(2)教师可结合区域活动设置和环境创设拓展进行家长与幼儿亲子关系的建立,比如大班环境创设设置"爱心树"(教师做"树干和树枝",把家长提供的亲子照片布置在墙面上);中班语言区活动"我的爸爸(妈妈)真能干"(提供幼儿父母或主要抚养者工作或者有特长的照片资料,做成一本大书,让幼儿在语言区自由地交流和介绍)。

(3)在日常生活中,教师可在餐前组织开展中大班幼儿进行"说说我的家人"等语言游戏活动,让幼儿通过语言描述增进对亲人的了解和情感。

(4)教师同样也需要对自己亲子关系进行思考与改进,只有教师自身建立了良好的亲子关系,才能理解亲子关系建立的价值并和家长进行有效沟通。

(5)对于家长不在身边的留守儿童,教师需要给予更多一些关注和爱,帮助这些孩子学会表达自己的需要和情绪。

三、亲社会行为教育活动设计与组织

亲社会行为教育活动是指专门针对幼儿亲社会行为培养(分享、谦让、合作等)组织开展的集中教育活动。

(一)亲社会行为教育活动设计与组织要求

1.活动内容

亲社会行为教育活动内容可以依托节日活动主题来选择。比如"中秋月儿圆"的主题活动中,教师可以让幼儿带中秋的食物组织"美食分享会";也可以选择蕴含"亲社会行为"教育价值的绘本(如《看看我有什么》《田鼠的故事》等)进行活动设计。

2.活动目标

结合幼儿园主题活动的内容和亲社会行为的关键经验从情感态度、认知和能力三个维度来制订。

3.活动准备

(1)经验准备:不同年龄阶段幼儿亲社会行为发展的实际水平是教师组织开展此

类活动的基础,教师需要在日常生活中关注幼儿分享、团结、谦让等品质的发展,以此作为经验准备来设计组织活动。

(2)物质准备:节日活动是组织此类活动的重要载体,教师可结合节日的特点比如"美食分享会"食物的准备和环境的创设来开展活动。在设计中要对绘本中促进幼儿亲社会行为发展的内容进行分析和选取,切不可单一死板地说教儿童;也可以收集整理日常生活中的一些照片和图片资料。

4.活动过程及延伸

以儿歌、谜语、谈话等方式导入(激发幼儿对与同伴共度节日的兴趣)—讲述故事、观察图片或体验游戏(结合传统节日的故事或图片的内容组织幼儿进行讨论、交流与游戏)—联系生活实际(共同分享或者在游戏中体验合作)—教师小结(帮助幼儿梳理总结相关经验)—活动延伸(与生活和家园教育相结合)。

(二)亲社会行为的教育活动案例与评析

大班社会教育活动:"中秋快乐分享会"——亲社会行为

	活动设计	活动评析
设计意图	《3—6岁儿童学习与发展指南》社会领域"人际交往"教育建议中指出"利用民间游戏、传统节日等,适当向幼儿介绍我国主要民族和世界其它国家和民族的文化"。中秋节是我国比较重视的传统节日,蕴含着中国人注重家庭和睦、团聚、分享、关爱等传统文化价值,对幼儿亲社会行为的发展起着积极的引导作用。由于部分孩子的家长在外地务工,中秋节很难回家和孩子团聚,农村家庭对于中秋节的来历、传说以及文化认识也不太全面,大多就是一家人在一起吃吃月饼、板栗等中秋节传统的食物。通过让幼儿带一份传统的中秋食物到幼儿园,在和小朋友、老师在一起分享食物的过程中了解中国传统佳节——中秋节的传说和来历,体验分享、友爱等情感,能促进幼儿亲社会行为的发展。	该活动从《指南》"人际交往"中对于传统文化和民间习俗的认知出发,阐明了传统节日对于幼儿了解中国文化的意义和价值,同时分析当前传统节日文化在家庭教育中有所缺失的现象,利用幼儿喜欢"吃"这一特点,让幼儿在中秋食物的分享中自然体验亲社会行为中的情感,体现社会教育的生活性。
活动目标	1.了解中秋节的来历,知道中秋节是中国人传统且重要的节日。 2.愿意把食物和同伴分享,感受大家在一起团聚、分享、友爱的快乐。	目标从两个维度制订:认识了解中秋节的来历(认知目标),感受团聚、分享友情(情感目标)。

续表

	活动设计	活动评析
活动准备	1.每一个幼儿带一份自己喜爱的中秋食物(如一个月饼或几个煮熟的板栗、花生等)，幼儿园也适当准备相应的食物(可将此活动作为餐点环节的内容，避免幼儿积食消化不良)。 2.关于中秋节的短视频、儿歌、唐诗等，人们过中秋赏月等的图片。 3.将桌子、椅子摆放成圆形。	每一个幼儿带一份自己喜爱的食物利于亲社会行为"分享"的体验；中秋节短视频等有利于形象生动地让幼儿感知认识中秋节；桌椅摆放成圆形营造"团圆"氛围。
活动过程	一、谈话导入，认识中秋节常吃的食物。 1.看看桌上都有哪些好吃的东西？ 2.你带来的是什么，给小朋友们介绍一下。 3.教师小结：今天我们带来了不同馅料的月饼，有火腿月饼、豆沙月饼、五仁月饼、蛋黄月饼，还带来了板栗、花生、毛豆、苹果、梨子好多食物，这些都是在中秋节人们喜爱的食物。 二、播放视频，认识中秋节。 1.为什么要过中秋节？中秋节是怎么来的？ 2.观看关于"中秋节"的短视频，了解中秋节的来历。 3.提问：中秋节你们家里一般都怎么过的？ 4.幼儿和同伴说一说。 三、游戏：抽取图片看看他们怎么过中秋。 1.把准备好的"人们如何过中秋节"的图片放在一个纸袋里，请幼儿按小组上来抽取，并和同伴一起看图交流。 2.小组代表进行介绍。 3.教师小结：中秋节代表着一家人团团圆圆在一起分享快乐和关爱，家人会聚在一起像我们一样吃月饼、板栗和其他的食物，这一天的月亮又大又圆，大家还会一起观赏月亮、聊聊天，还有和没能回家过节的亲人们微信视频，告诉他们我们很好，很想念他们。 四、分享食物，感受快乐。 1.幼儿与同伴共同分享中秋传统食物，教师提醒幼儿在吃花生、毛豆等食物时要注意安全，不打闹。 2.教师可播放收集的中秋儿歌，营造氛围。	从幼儿喜爱"吃"的特点入手，从食物的观察和介绍自然引入对中秋节的认知，教师的小结能帮助幼儿整体的认知和表述。 形象生动的视频资源能让幼儿了解到中秋节的来历，从"自己家里怎么过中秋节"能自然过渡到下一个环节对人们"过中秋节"的认知。利用游戏"抽图片"的环节，让幼儿分组观察并讨论交流，有助于拓宽幼儿对人们过中秋节的一些活动的认知。 此环节是幼儿最喜爱的，轻松的食物分享氛围让幼儿自然而然体验到"大家在一起"的团圆和爱。

(三)亲社会行为教育活动设计拓展建议

(1)中国传统节日有春节、元宵节、清明节、端午节、中秋节和重阳节,传统节日蕴含着一个民族传统的文化价值,教师可以借此活动开展的形式拓展类似的传统节日活动,如元宵节可以让幼儿尝试包汤圆,清明节了解文明祭祀是表达对逝去亲人的思念,端午节学学包粽子,重阳节可以把爷爷奶奶请进幼儿园。

(2)教师可结合区域活动设置和环境创设拓展对幼儿亲社会行为进行培养。比如结合节日环境创设设置"中秋月儿圆"的主题墙,粘贴一些分享的美食和场景的照片资料;如遇到社会上一些重要事件的发生,如地震、干旱等,组织幼儿开展捐赠等亲社会行为活动。

(3)在日常生活中,教师可结合幼儿在与同伴交往过程中表现出来的亲社会行为及时进行鼓励,形成良好的互相关爱、团结同伴等氛围。

(4)网络有很多传统节日介绍的资源,可以有效利用,让幼儿了解得更多。

四、规则意识教育活动设计与组织

规则意识教育活动是指专门针对幼儿规则意识建立和培养组织开展的集中教育活动。

(一)规则意识教育活动设计与组织要求

1. 活动内容

主要来源于幼儿的实际生活和游戏。比如生活中"班级规则"的制订,游戏活动中如何制订大家都认可的规则。

2. 活动目标

结合规则意识培养的关键经验从情感态度、认知和能力三个维度来制订。

3. 活动准备

(1)经验准备:不同年龄阶段幼儿规则意识发展的特点是教师组织开展此类活动的基础,教师需要在日常生活中关注幼儿的规则意识和遵守规则等方面的情况,以此作为经验准备来设计组织活动。

(2)物质准备:图片、记录纸都是在制订规则时所需要的。

4.活动过程及延伸

以故事、谈话等方式导入(激发幼儿对规则建立的思考)——讲述故事、观察图片或体验游戏(结合故事或图片中有关规则意识培养方面的内容进行提问,组织幼儿进行讨论、交流与游戏)——师幼共同小结(和幼儿一起梳理大家在体验中达成共识的规则,并制订符合班实际情况的规则)——活动延伸(与生活和家园教育相结合)。

(二)规则意识的教育活动案例与评析

大班社会教育活动:"制订游戏规则"——规则意识

活动视频

	活动设计	活动评析
设计意图	《3—6岁儿童学习与发展指南》社会领域"社会适应"目标2"遵守基本的行为规范"中5—6岁儿童要能:"理解规则的意义,能与同伴协商制订游戏和活动规则"。大班幼儿很喜欢在一起玩游戏,他们已经初步具有了一定的自控能力,并努力在游戏中控制自己,遵守规则。但生活中很多游戏的玩法和规则大都是由教师或成人来制订的,幼儿成为了游戏规则的被动接受者,缺乏对游戏规则制订的自主性,所以难免会出现不遵守规则和耍赖的行为。"抢椅子"是幼儿比较熟悉的游戏活动,传统的玩法较简单且容易造成幼儿在游戏中的消极等待。若将游戏的玩法进行调整,同时采用图片逐一将游戏的玩法具体形象地呈现,能有效激发幼儿观察、思考和自主学习,让他们在游戏的过程中不断添加和完善游戏的规则,帮助幼儿成为主动的学习者。	该活动以《指南》5—6岁儿童"社会适应"目标2为依据,分析了大班幼儿在制订游戏规则中缺乏自主性的现状。同时还分析"抢椅子"游戏在传统玩法中所存在的问题,以及如何调整,使之更能够体现让幼儿在游戏的过程中自主制订游戏规则的意识,实现目标的关联,逻辑关系清晰、明了。
活动目标	1.了解"抢椅子"游戏的新玩法,尝试在游戏中制订相应的规则。 2.体验和同伴共同遵守规则、公平游戏的快乐。	目标从三个维度来制订:了解"抢椅子"游戏的新玩法(认知目标),尝试在游戏中制订相应规则(能力目标),体验和同伴共同游戏的快乐(情感目标)。

续表

	活动设计	活动评析
活动准备	1.椅子和游戏人数的准备为4的倍数,如游戏人数为16人,则准备8把椅子,12个幼儿抢椅子,另外4人作为监督员(在游戏中发现需要制订规则的内容)。 2.简笔画系列图片,并将其背后贴上磁铁方便在黑板上逐一呈现,磁性黑板一块。 3.一只铃鼓,小卡片(上面写有谜语、幼儿会唱的歌曲、加减运算题目)。	12个幼儿(8把椅子)在游戏过程中会淘汰4人,刚好可以和监督员对调开展下一轮游戏,避免消极等待;提供具体形象的图片,有利于幼儿看图玩游戏;小卡片有幼儿熟悉的内容,便于实施对游戏输者的"小惩罚",增加游戏的有趣性。
活动过程	一、谈话引入,了解规则在游戏中的重要性。 1.提问:玩游戏的时候需要有规则,如果游戏中不遵守规则,会发生什么事情? 2.幼儿阐述自己的观点和看法。(4—5名) 3.教师小结:规则在游戏中非常重要,如果没有规则,会让游戏不公平、不安全。所以为了让游戏既安全又公平,就需要制订规则,一起玩游戏的人都应该遵守游戏的规则。 二、了解"抢椅子"游戏的新玩法及制订规则。 1.回顾"抢椅子"游戏原来的玩法,教师提出质疑,激发幼儿制订新玩法的兴趣。 2.逐一出示图片,理解"抢椅子"的新玩法。 (1)需要几把椅子?几个人?(8把椅子,12个幼儿抢椅子,另4人作监督员) (2)椅子如何摆放?(圆形,椅背向内) (3)游戏中如何走动?(顺着箭头的统一方向) (4)怎么玩游戏?(图片呈现音乐响起往前走,音乐停则找到椅子坐下来) (5)如何判断输赢?(找到椅子坐下来者为赢,没坐到椅子则输) 3.幼儿尝试"抢椅子"的新玩法,监督员负责发现游戏中出现的问题,并制订相应的规则。 游戏中大致有以下四种问题(均已准备磁性图片): (1)两人坐一把椅子。 (2)游戏中因兴奋而推挤同伴。 (3)大声讲话、尖叫。 (4)音乐还没有停就坐下。	通过提问让幼儿联系游戏经验思考不遵守规则会如何,能够让幼儿对规则重要性有初步的认知。 以传统游戏"抢椅子"入手,采用图片逐一呈现的方式,让幼儿在观察图片中思考和表述游戏的玩法,让幼儿自己摆放游戏中的椅子,体现幼儿的主体性,幼儿能够很快地自主掌握游戏的新玩法。 第二个环节中第三步时让幼儿一边玩游戏一边发现游戏中存在的问题,从而自主制订相关的规则。动静相结合,游戏与反思相结合,体现了教师的"隐性推手"(对游戏规则的预判性)和幼儿学习的主动性,有效达成目标。

续表

活动设计	活动评析
活动过程	三、教师小结，表扬鼓励。 1.表扬鼓励在游戏中遵守规则、愉快游戏的幼儿。 2.教师小结：今天大家一起玩了"抢椅子"游戏的新玩法，说明游戏是可以有不同的玩法的；又一起动脑筋制订了"抢椅子"游戏的规则，让游戏既好玩又安全。除了今天的这些游戏，还有很多游戏都可以大家一起来设计玩法并制订规则。	最后环节通过小结，鼓励幼儿在本次游戏的成功经验下大胆尝试在日常游戏中自主制订规则，有效拓展幼儿经验。

（三）规则意识教育活动拓展建议

（1）规则意识的培养需要在日常的生活中进行，教师要注意在日常的班级管理中培养幼儿良好行为习惯，如早晨入园主动问好、离园说"再见"，在幼儿园上下楼梯时要靠右行，喝水要排队、收拾整理玩具等等。

（2）游戏是最能够反映出幼儿规则意识的活动，教师注意观察幼儿在游戏过程中遵守规则的情况，适时介入讨论和引导幼儿达成对规则遵守的共识。

（3）在区域活动中体现规则意识培养的内容。比如小班可以用图示提示幼儿遵守规则，中大班可以用图文并茂的形式，还可以让幼儿在美工区用"前书写"的方式将规则"画"出来进行环境创设。

（4）对经常违反规则的幼儿教师不要急躁，要了解这些幼儿家庭教养中存在的问题，和家长主动沟通，同时可以采用"违反规则需要停玩或静坐几分钟"的方式来帮助幼儿建立规则意识。

第六章

乡村幼儿园科学领域(科学)教育活动组织与指导

学习目标

◎ 乡村幼儿科学素养发展的关键经验。
◎ 乡村幼儿园科学教育活动的组织指导策略。
◎ 乡村幼儿园科学教育活动的设计与组织。

思维导图

```
乡村幼儿园科学领域(科学)教育活动组织
├── 乡村幼儿科学素养关键经验与教育策略
│   ├── 乡村幼儿科学素养发展的关键经验
│   └── 乡村幼儿园科学教育活动的组织指导策略
└── 乡村幼儿园科学教育活动设计与组织
    ├── 观察认识型教育活动设计与组织
    ├── 实验操作型教育活动设计与组织
    ├── 科学讨论型教育活动设计与组织
    └── 技术操作型教育活动设计与组织
```

儿童的科学是幼儿用他们独特的理解方式创出的一片独特的天空,在幼儿科学教育中,幼儿通过探索世界获得了丰富的知识经验,为幼儿思维发展创造了条件。幼儿通过"科学"这一内容直接接触和探究客观世界,不仅获得了科学知识,而且得到了全面的发展,因此幼儿科学教育对个人发展的意义将为幼儿一生的发展奠定重要基础。童年那些捉蚯蚓、养蚕、拆电筒的"顽皮"经历以及那些对世界的天真幻想和幼稚解释,曾给我们带来很多发现的喜悦和满足!我们感受到童年的乐趣、世界的奇妙、学会了关注大自然,这正是早期教育给我们每个人留下的毕生的财富。生长在乡村的幼儿,更是拥有着丰富的"顽皮"经历,然而遗憾的是近年来我们看到,幼儿享有"顽皮"经历的机会似乎越来越少了,问题出现在哪里呢?我们将围绕《3—6岁儿童学习与发展指南》的精神,结合乡村幼儿园科学教育的现状,一起去寻找原因、充分挖掘和利用乡村幼儿园丰富的本土科学教育资源,为乡村幼儿园科学教育活动的开展找到适宜的路径。

第一节 乡村幼儿科学素养关键经验与教育策略

一、乡村幼儿科学素养发展的关键经验[1]

乡村幼儿科学素养发展的关键经验主要包括:好奇、好问、好探究、观察实验、科学思考、表达交流、设计制作、生命科学、物质科学、地球与空间科学等内容,其中好奇、好问、好探究是幼儿科学探究情感态度与价值观的外在表现。因此乡村幼儿科学素养发展的关键经验总体可概括为科学探究能力和核心科学概念两方面,科学探究能力又涵盖了幼儿情感态度与价值观,教师学习和了解幼儿科学素养发展的关键经

---

[1] 张俊.幼儿园科学领域教育精要——关键经验与活动指导[M].北京:教育科学出版社,2015:69-100.

验是开展好高质量的科学教育的前提和基础。

(一)科学探究能力

从情感态度与价值观而言,主要包括以下关键经验:有好奇心、探究的兴趣和愿望,乐于参与科学探究活动;有初步的科学精神和态度;尊重事实和他人的观点,乐于合作、分享与交流;关爱自然和生命,有初步的资源保护和环保意识[1]。

从科学探究能力而言,科学探究不仅仅是做实验,还是一种多层面的活动,不仅需要观察提出问题,而且需要对假设进行证明并交流结果,这些就涉及幼儿在探究中形成的科学探究能力。在幼儿科学教育中,科学探究能力主要包括观察能力、科学思考能力、表达交流能力、工具及设计技术能力等,其关键经验如下[2]。

(1)观察能力:学会运用多种感官感知物体的外部特征,学会观察比较不同物体或同类物体的特征,学会观察物体的运动和变化,即自然现象的观察。

(2)科学思考能力:学会比较和概括,即对直接观察到的事实进行比较和概括,认识到事物的不同和相同;学习推论和预测,即根据观察到的现象,并结合自己已有的经验,推想它的原因,提出合理的解释,得出结论,并预测将来可能发生的现象。

(3)表达交流能力:学习用准确、有效的语言表达、交流在科学活动中的做法、想法和发现;学会用适当的方式表达自己在科学活动中的情绪,如体态、动作、表情等。

(4)工具及设计技术能力:探究各种工具的特性及功能,学会使用简单工具;学习使用工具制作简单产品,经历技术设计的过程,体验技术设计的关键步骤,并根据目标及时调整,对过程和结果进行思考、调整和修正;发现不同结构与特性的物体及不同的运动形式。

(二)核心科学概念

幼儿对科学知识内容的掌握是一个不断深入和复杂的思维过程,科学核心概念能够串联起幼儿学习科学的主线,使各个层次和各个方面的知识有机联系起来,对科学教育的内容而言,幼儿需要重点掌握生命科学、物质科学和地球与空间科学三大核心概念,其关键经验如下[3]。

---

[1] 刘占兰.学前儿童科学教育[M].北京:北京师范大学出版社,2008:107.
[2] 张俊.幼儿园科学教育[M].北京:人民教育出版社,2004:61-64.
[3] 刘占兰.学前儿童科学教育[M].北京:北京师范大学出版社,2008:106-108.

1. 生命科学

感受和了解生物的多样性；探究和发现生物的基本特性，生物与环境的相互作用和依存关系。认识动物的身体结构与功能，动物的食性、生长变化与繁殖。了解植物的多样性、植物的生长变化及需要的条件、植物与环境的关系等。

2. 物质科学

探究各种材料的物理特性，探究材料相互作用时发生的变化、相互关系及规律。感知和发现不同的物理现象，如声光电磁热等物理现象，感受不同物理现象与日常生活的关系。

3. 地球与空间科学

自然现象与天气：体验天气的不断变化和多样性及其与周围环境（包括动物和植物）、人们生活和活动的相互关系；了解常见的自然现象；建立初步的时间概念。

认识、了解和感知岩石、沙、土壤、水分、空气等物质，了解这些物质在日常生活中的用处，认识它们和动物、植物乃至人类的关系，珍惜水资源，爱护环境。

对常见的化学现象和天文现象感兴趣，通过观察、实验等方法感知天文现象，并理解其与人们活动的关系。

二、乡村幼儿园科学教育活动的组织指导策略[1]

乡村幼儿园有着丰富的乡土资源，对于乡村幼儿教育活动，教师最重要的是要转变观念，提升专业水平，能发现和挖掘乡土资源中的"活"教材，恰当地选择合适的乡土资源，将其巧妙地运用到幼儿园活动及课程中。因此以下主要从乡村幼儿园开展科学教育活动的优势和乡土资源的利用角度阐述乡村幼儿园科学教育活动开展的指导策略。

（一）确定合适的目标

乡村幼儿教师在组织和指导科学教育活动时首先要明确《3—6岁儿童学习与发展指南》科学领域的核心价值，围绕核心价值再制订活动目标。目标制订一般要重点关注三个方面。

首先，活动目标应基于幼儿的已有经验，着眼于幼儿的发展来制订，在对幼儿的

---

[1] 施燕.学前儿童科学教育与活动指导[M].上海：华东师范大学出版社，2016：114-147.

认知水平、兴趣、需求、个性特点等各方面都有充分了解的基础上,才能设计目标。

其次,活动目标的内容应该包括科学知识、科学方法、科学情感态度三个方面。科学知识是指科学经验的获得、科学概念的学习,包括通过活动使幼儿获得了哪些经验,形成了哪些初级科学概念;科学方法是指在科学探索活动中,幼儿哪些能力得到发展,学会了哪些技能,学习了哪些方法;科学情感态度,包括幼儿情感态度及个性品质的培养。在实践中,教师不必将每条目标都以文字的方式写下来,但在组织活动过程中仍有各方面的要求,做到心中有目标,眼中有孩子。

最后,目标的表述应该简洁明了、具体可操作,活动目标要从幼儿的角度去表述,指明幼儿通过学习应该达到的发展目标。

(二)选择适宜的内容

活动内容的选择是围绕目标确定学习范围和深度。

其一,选择适宜的内容。教师要对科学领域幼儿学习的核心铭记于心,熟知科学领域的核心经验、具体内容,为不同年龄幼儿选编适宜的活动内容打下基础。选择贴近幼儿生活,适合年龄阶段、幼儿的兴趣需要以及认知和经验水平的内容,即在原有水平上有一定的挑战性的内容。

其二,内容容量要适合。主要是指不超载或不足,内容超载表现在教师选择的内容体量过大、难度过高、时间太长;内容的不足表现在简单无挑战,幼儿没有任何需要思考和探索的地方,这些都会使幼儿对科学活动失去兴趣。

其三,活动的内容要关注情感态度。情感态度不是教师教出来的,而是潜移默化的结果。在内容安排中,设计一些需要幼儿思考的问题,创设一些情境,使幼儿自始至终能去感受探索发现的快乐体验。科学探索需要理性的思考,有这样的内容,能力、情感态度才会得到很好的发展。

(三)采用灵活的方法

在乡村幼儿园里,教师组织科学教育活动时要敢于"放手",鼓励和支持幼儿大胆"探究",乐于观察,采用灵活的方法,体现科学教育活动"探究"的核心价值。活动方法包括教师教的方法,也包括幼儿学的方法,在活动方法的设计上要考虑以下几点。

其一,根据活动目标设计方法,科学教育的方法是教师为实现科学教育目标而采取的方法,是为活动目标服务的,教师目标不同,所采用的方法也不一样。例如在介绍新的知识时,教师可以安排一些观察、实验的方法,还可以穿插一些信息交流的方法;当知识掌握了,又可以采用游戏的方法来巩固复习。

其二,根据活动内容设计方法,科学教育内容具有广泛性的特点,这使方法的选择和运用有制约性。从具体内容上来看,有关动植物的内容可以用观察、饲养或种植的方法;非生物的内容多用观察、实验、测量、分类的方法。总之,各种不同的内容可以考虑不同的活动方法。

其三,根据幼儿的特点来设计方法,不同的方法对幼儿的经验基础、认知能力有不同的要求,要使各种方法的使用能够达到预期的效果,就必须考虑幼儿的实际水平能否适应这些方法的需要。一般年龄较小,直观法、游戏法就越重要,同时班级幼儿的认知水平差异、思维的灵活性、表达能力等又决定了使用方法。

其四,根据幼儿园的实际情况来设计方法,各地区各幼儿园的地理环境和条件有差异,教师在设计方法时要因地制宜,从幼儿园的实际出发,采取行之有效的方法。例如乡村幼儿园和城市幼儿园的环境条件不同,在乡村幼儿园就可以充分利用周围的自然条件进行实地参观种植、观察饲养等来进行科学探究。

总之,方法多种多样。在一次活动中,如果单纯地用一种方法,会使幼儿感到厌烦,注意力不能够持久。各种方法要配合灵活运用,才能够保证活动目标全面达成。

(四)充分挖掘乡土资源

材料与工具是支持幼儿科学探究必不可少的条件,是幼儿与周围环境互动的必要中介。在乡村幼儿园,随处可见的沙、石、泥、树、水及各种劳作工具等都可以作为幼儿科学教育活动的探究工具及材料。教师要充分利用乡村的地理优势及特点,多带幼儿到户外进行实地探究,利用自然材料支持幼儿的探究。如在染色现象中,乡土资源里有很多可供儿童选择的材料,如木耳菜(也称豆腐菜)的果实等,在特定的季节更是随处可见。此外,木耳菜还具有食用价值、观赏价值可供儿童挖掘。这些自然、丰富的乡土资源及材料有利于支持幼儿获得更清晰、准确的直接经验。

(五)利用当地民风民俗

在科学教育活动中,幼儿的人文科学素养培养也是较容易忽视和缺失的。乡土资源不仅包括自然科学,也涵盖着多姿多彩的人文科学,具有明显地域性的民俗民风更是伴随着幼儿的成长历程。事实上,中国传统佳节中的很多"仪式感"都是通过乡土资源来体现的,充分利用民风民俗对于激发幼儿探究文化情感的兴趣是必要的。尤其是以传统节日为切入点更为明显,以清明节为例,很多地方在清明节除了扫墓,还有插柳枝、游乐、踏青、斗鸡、蚕花会等活动。如果从插柳枝进行扩展,儿童除了学习了有关清明节习俗的文化知识,还可以动手将柳条编成花环,或者用柳树皮做口哨等等,这些有趣的手工制作都可以增强儿童探索自然的激情。

第二节　乡村幼儿园科学教育活动设计与组织[①]

幼儿科学教育活动内容十分广泛,活动的不同内容,其具体方法、过程和指导策略也不同,在此我们阐述了四种较为典型的幼儿科学活动:观察认识型活动、实验操作型活动、科学讨论型活动和技术操作型活动。

每种活动的设计都包括设计意图、活动内容、活动目标、活动准备、活动过程及活动延伸几个方面,但是在具体实施中,不同科学活动类型的设计意图和活动延伸依据均大同小异,因此在此专门单独罗列出来,其他部分则根据活动类型的不同进行详细阐述。

从设计意图而言,无论是哪种类型的活动都要对内容及幼儿学情进行分析。分析内容是否符合《3—6岁儿童学习与发展指南》的理念、是否符合幼儿年龄段发展特征及心理认知特点,以及该内容确定及选择的简单背景或缘由是什么。主要包括以下几方面:一是依据《幼儿园教育指导纲要(试行)》或《3—6岁儿童学习与发展指南》中关于不同年龄阶段幼儿科学学习与发展方面的目标要求以及科学教育方面的指导意见开展活动;二是要分析本班幼儿现有能力和发展水平现状,以便因材施教;三是要分析所选择的素材与目标之间的关联。

[①] 张俊.幼儿园科学教育 M.北京:人民教育出版社,2004:156—166.

从活动延伸而言,该部分主要是为了满足幼儿探索兴趣,帮助幼儿的学习探究进一步深入,开展方式多样。可以在区域活动中投放材料满足幼儿持续探究的需求,也可以通过家园共育,发挥亲子活动的价值,将科学探究延伸到亲子活动中等。

一、观察认识型教育活动设计与组织

这种类型的科学活动主要是指专门性的观察活动。既包括对物体的观察,也包括对自然和科学现象的观察。

(一)观察认识型教育活动设计

1. 活动内容

观察活动分为个别物体和现象的观察、比较观察、长期观察三种。小班一般以观察个别物体和现象为主,中大班以比较观察和长期观察活动为主。如小班可以开展认识西红柿、好玩的石头,中班可以开展观察各种各样的纸制品,大班可以开展观察有趣的指纹等活动。

2. 活动目标

主要包括观察技能、表达技能和对观察对象的科学认识。如小班"认识西红柿"活动中,目标可以设计为通过看、摸、闻、尝等感知西红柿的特点。

3. 活动准备

(1)经验准备:幼儿的学习是建立在原有经验基础上的,因此选择的内容应以幼儿熟悉的或有经验的为主。

(2)物质准备:为幼儿的探究提供支持,要丰富多样、有层次性。观察活动的物质准备方面可以以实物、视频等为主。

4. 活动过程及延伸

根据观察对象不同而不同。如户外观察活动的过程主要为:激发兴趣,提出问题—个别观察和指导—分享和交流表达;物体观察活动为:出示观察对象—幼儿自由观察—表达交流—教师引导观察—表达交流—教师总结—活动延伸。

(二)观察认识型教育活动的设计案例与评析

小班科学教育活动:"好吃的橘子"——观察认识型

	活动设计	活动评析
设计意图	《3—6岁儿童学习与发展指南》中提出:要引导小班孩子对感兴趣的事物仔细观察,发现其明显特征。橘子是在日常生活中常见的水果,但是对于橘子的结构和每个部分的名称及作用,小班幼儿并不了解。结合他们的年龄特点,特设计了本次活动,旨在通过引导幼儿多感官参与,激发小班幼儿观察兴趣、提高观察能力、发展交流表达的能力。	活动设计以《指南》为依据,紧扣《指南》科学领域的核心目标,围绕核心提出了教师在本次活动中的指导方法。内容的选择贴近幼儿的生活,结合了小班幼儿发展现状,如对周围事物充满兴趣但是观察能力及方法需要继续提升,设计了多感官参与探究的观察活动。
活动目标	1.通过摸、看、猜、尝等多种感官参与观察活动。 2.能按照一定的顺序观察橘子,并大胆讲述自己的发现。	观察认识型活动目标重点为观察技能、表述技能及有关观察对象的科学认识。
活动准备	1.经验准备:幼儿日常生活中吃过橘子。 2.材料准备:装着橘子的神秘袋人手一份,残渣盘、湿纸巾每桌2份。	活动准备包含经验准备和物质准备。在幼儿有前期经验的基础上,提供可供幼儿深入探索的物质材料,帮助幼儿丰富已有经验,形成有益的新经验。
活动过程	一、出示神秘袋,请幼儿看一看、猜一猜里面是什么。 师:今天老师带来了一份神秘礼物,就装在这个袋子里,大家看一看,猜一猜里面是什么? 二、幼儿自由选择一个神秘袋,不打开,摸一摸、闻一闻,根据自己的发现继续猜一猜里面是什么。 师:不要打开袋子,摸一摸、闻一闻、猜一猜里面是什么?为什么? 三、拿出橘子再摸一摸、闻一闻、看一看,和同伴的比一比,说一说橘子是什么样的。 师:这是什么?它是什么样子的? 四、互相尝一尝、看一看,再说一说橘子是什么样的。 师:你的是什么味道的?其他人的呢?橘子表面和果皮里又是什么样的呢?每个橘子都是这样吗?	活动过程主要以从外到内的观察与交流发现为主,教师主要以启发性提问为主,引导幼儿层层深入进行观察探究。 活动延伸部分,可结合幼儿本次活动中的观察、探索表现、探究兴趣来进行适当的延伸。 如果幼儿兴趣浓厚,有继续探索的愿望,可支持幼儿继续探索;也可以让幼儿在区角、家庭、合作中探索,丰富经验。

续表

	活动设计	活动评析
活动过程	小结:大家看到的这些都叫橘子,里面硬硬的核是它的种子,橘子的果肉可以止咳化痰。橘子皮可以做药,果肉上白色的细细的像线一样的叫橘络,可以治疗咳嗽和高血压,它全身都是宝贝呢! 五、活动延伸。 1.可以将橘子皮放在美工区做手工,也可以晒干后让幼儿制作果皮茶。 2.回家和家人一起分享更多的橘子的秘密。	

(三)观察认识型教育活动的拓展建议

(1)教师可以和家长、孩子一起收集,并在教室的区角投放相关的观察材料,鼓励幼儿自主观察,与同伴大胆交流,回家和家长讨论相关的观察到的内容。

(2)引导幼儿把观察中见到的变化,用多种形式记录下来。如绘画,既可以巩固所观所识,又可以发展幼儿的注意力、观察力以及对自然的兴趣和求知欲。

(3)教师可以有意识地开展多种形式的观察活动:一般性的观察活动、比较性的观察活动、长期系统性观察活动。一般性的观察活动,教师可直接出示观察对象,引导幼儿有顺序、多感官地进行观察,如小班"橘子";比较观察活动,引导幼儿比较性地观察,发现观察对象的异同,如中班"自行车与摩托车";长期系统性观察活动,教师可预先设计好观察的计划,引导幼儿养成定时定点、长期系统观察某一事物或现象的习惯,做好观察记录,如大班"小蝌蚪的成长";最后都要有幼儿观察结果的交流过程。

(4)把科学活动和幼儿的实际生活联系起来,充分利用身边的事物和现象进行探索。教师要善于挖掘乡村的自然资源并创造条件,使它成为乡村科学教育特有的财富。例如,春天万物生长,走出幼儿园,让幼儿走进大自然,去看湖水融化、小草发芽等,让幼儿自己去观察、去记录;也可以根据季节的不同带领幼儿观察农作物,如种子是如何发芽的、我们的食物从哪里来等。

二、实验操作型教育活动设计

(一)实验操作型教育活动设计与组织要求

1.活动内容选择

一是可以直接选择一些经典的活动,如沉浮;二是设计一些问题再解决的活动,如巧取珠子(利用磁铁吸引);三是动手操作,如有趣的电动玩具等。

2.活动目标

重点在于培养科学好奇心和科学探究能力。如小班沉浮的目标——注意到有些东西放在水里总是会浮起来。

3.活动准备

(1)经验准备:幼儿的学习是建立在原有经验基础上的,因此选择的内容应以幼儿熟悉的或有经验的为主。

(2)物质准备:实验操作活动的物质准备需提供充足、多样的材料,要注意材料的结构(如沉浮中提供可以改变形状的橡皮泥)、摆放位置(如将盐、沙、糖等分开放)、安全卫生问题(自制泡泡水中要提供合适的管子)等。

4.活动过程

(1)演示-操作式:教师先进行演示,幼儿按照演示进行操作,进一步观察,获得发现的结果(如物体怎样落下来)。

(2)自由-引导式:通过材料激发幼儿的兴趣,幼儿先自由探索,在此基础上进行交流、小结。

(3)猜想-验证式:针对问题先猜想再进行实际探究活动,验证猜想是否正确。(如沉浮)

(二)实验操作型教育活动活动案例与评析

中班科学教育活动设计:"神奇的摩擦起电"——实验操作型

活动设计	活动评析
设计意图 《3—6岁儿童学习与发展指南》指出"鼓励幼儿根据观察或发现提出值得继续探究的问题"。在一次玩滑梯时小朋友发现滑下来的人的头发全都竖起来了,这是怎么回事呢？是不是每个人都会这样呢？除了滑滑梯,有时候脱衣服头发也会竖起来,那什么时候才会发生这样的事情呢？基于幼儿生活中的直接经验,为了幼儿对摩擦起电现象有更进一步的认识和探究,教师设计了本次活动。	本次活动教师关注了《指南》中关于科学教育的指导建议,内容选择来源于幼儿日常生活中的直接经验及探究兴趣,选择的内容既贴近生活又具有挑战性,符合中班幼儿年龄特点。

续表

	活动设计	活动评析
活动目标	1.探索发现摩擦起电的现象，感知其能吸附轻小的物体。 2.对静电的产生有好奇心，体验发现的快乐。	目标重点为培养科学好奇心和探究能力。
活动准备	1.经验准备：生活中有滑滑梯头发竖起、冬天脱衣服有噼里啪啦的声音等体验。 2.物质准备：每人一个金属帽流苏车饰，塑料吸管、塑料尺子、塑料梳子、塑料勺子或叉子、冰棒棍等若干，记录表、生活中摩擦起电的照片（玩滑梯时头发被吸附竖起的照片）。	活动准备包括幼儿经验准备及材料准备。材料准备要充分，确保支持每个幼儿都能参与活动。
活动过程	一、猜想激发兴趣，引入主题 1.出示尺子和金属帽流苏。 问题：如果把尺子快速地在头发（身体）上摩擦，再把尺子放到金属帽流苏车饰上，你觉得会发生什么事情？ 2.请幼儿交流猜想。 二、探索发现摩擦起电的现象，感知其吸附性 （一）幼儿第一次操作，感知摩擦起电的现象 1.教师：刚才小朋友猜想了一些结果，现在请你们来试一试，看看到底会发生样的事情？ 2.幼儿分组进行尝试。 3.讨论交流：你发现了什么有趣的事？为什么金属帽流苏会被吸起来呢？ 小结：用摩擦的方法使两个物体产生静电的现象，叫作"摩擦起电"。 （二）幼儿第二次操作，发现塑料品容易摩擦起电具有吸附性，而有的物品不能摩擦起电 1.教师：除了塑料尺，老师这里还准备了几种东西，你们来猜猜看哪些东西摩擦后也能吸起流苏？ 2.请幼儿交流自己的猜想，并将猜想结果在相应记录表记录下来。 3.操作验证。 4.教师引导幼儿交流各自的实验过程和结果。 提问：小朋友用哪些材料是可以产生静电的？哪些是不可以的？和你刚才想的一样吗？塑料尺、塑料笔、塑料吸管、塑料梳子、塑料勺子摩擦后可以产生静电，它们有什么相同的地方？冰棒棍为什么没产生静电呢？	该活动为实验操作型中的猜想-验证式，主要环节为针对问题幼儿先猜想，再进行实际探究活动，验证猜想是否正确。 教师在指导中要注意将学习机会、探究机会和表达机会都还给幼儿，尊重幼儿的表达和发现，而重点不是幼儿表述的是否正确、发现的结论是否正确。

续表

	活动设计	活动评析
活动过程	5.小结:塑料尺、塑料梳子、塑料吸管等摩擦后会容易产生静电,吸起流苏挂饰。而木制品却不能产生静电,不能吸附流苏挂饰。 三、拓展经验,生活中的摩擦起电 1.探讨:我们生活中有哪些有趣的摩擦起电的现象呢? 2.出示生活中摩擦起电的照片,感知摩擦起电无处不在。 活动延伸:探索其他可引起摩擦起电的材料。	

(三)实验操作型教育活动拓展建议

(1)教师可选择程序简单、容易操作、结果明显、趣味性强、安全的实验材料投放在区角,让幼儿自主地去操作实践,通过动手摆弄操作实验对象发现事物的变化及相互的联系。

(2)教师可准备不同类型的实验操作材料投放区角,如探索性实验材料、验证性实验材料。考虑实验在一定程度上受制于材料和仪器,乡村教师可开动脑筋,利用身边的废旧物品,积极地开展探究活动,制作简单的仪器等。

(3)活动结束后提出要求,让幼儿将本次活动中获得的经验运用于实际生活,或提出生活中某种相关联的现象,让幼儿继续去探索,使活动得到进一步拓展。

(4)随着实验和观察的进行,在不同的阶段,教师要鼓励、指导幼儿用适宜的方式记录活动的信息,如图画、符号、表格、简单的文字照片等多种方式记录活动的主要过程和观察的关键步骤,记录可以是个人、小组和集体的不同形式。

三、科学讨论型教育活动设计

(一)科学讨论型教育活动设计与组织要求

1.活动内容

科学讨论型活动一般采用集体讨论的形式进行,适用于不易通过直接探究进行学习但是又很重要的内容,或者幼儿很喜欢的科学内容。如"狼该不该被杀""茶叶是树叶吗"。

2.活动目标

主要包括提高表达交流技能,储备科学知识和经验。

3.活动准备

(1)幼儿前期经验准备:幼儿的学习是建立在原有经验基础上的,因此选择的内容应以幼儿熟悉的或有经验的为主。

(2)物质准备:可为幼儿的探究提供支持。要求是丰富、多样或有层次性的材料、图书、视频等。

4.活动过程

根据幼儿掌握知识经验的途径不同,分为3种。

(1)参观调查-汇报交流式:先参观、调查再开展讨论,注意过程中资料的收集。

(2)收集资料-共同分享式:家长和幼儿先收集材料再进行分享。

(3)个别探究-集中研讨式:幼儿共同感兴趣但认识不一致可以先让幼儿进行个别探究,再集中研讨。

(二)科学讨论型教育活动活动案例与评析

大班科学教育活动设计:"动物怎样过冬"——科学讨论型

	活动设计	活动评析
设计意图	《3—6岁儿童学习与发展指南》指出鼓励幼儿"对自己感兴趣的问题总是刨根问底"。冬天到了,小朋友们都穿上了厚厚的冬装,在阅读时他们发现有些小动物过冬时要冬眠,有些要南飞,那到底哪些动物是这样过冬的呢?还有没有其他过冬方式呢?孩子们进行了自发讨论,结合讨论情况,教师引导幼儿回去和家人一起收集有关动物过冬的方式的信息,之后进行交流分享。	本次活动紧扣《指南》中5—6岁幼儿科学探究的目标,内容选择来源于幼儿的阅读发现,也是幼儿的兴趣点。结合大班幼儿的年龄特点,他们在学会倾听别人的同时已经初步具备了质疑的品质,能够自主探索,因此设计了本次活动。
活动目标	1.通过收集资料、交流讨论的形式获得相关知识经验,在交流中能有条理、完整地表述。(表达交流技能) 2.了解动物的过冬方式,理解动物的生活习性与季节的关系。(科学知识经验)	科学讨论型活动目标重点在表达交流技能和科学知识经验方面。

续表

	活动设计	活动评析
活动准备	1.幼儿收集有关动物是怎样过冬的资料。 2.教师准备:动物胸饰;动物是怎样过冬的录像资料。	开展收集资料–共同分享式的科学讨论活动时,幼儿一定要有前期经验积累的准备,家长和幼儿先收集材料再进行分享。
活动过程	1.幼儿讨论动物是怎样过冬的。 教师提问:冬天到了,动物是怎样过冬的? 2.幼儿自由交流自己所知道的动物过冬的方式,并按照动物过冬方式的不同将动物卡片分类摆放。 3.幼儿看录像,进一步了解动物过冬的不同方式。 (1)教师播放录像,引导幼儿了解动物过冬的具体方式。 (2)教师提问:你知道还有哪些动物是这样过冬的? 4.尝试为每种不同过冬方式做一个图示标志,或听音乐佩戴自己喜欢的小动物胸饰,学一学这种小动物是怎样过冬的,运用多种方式了解动物的不同过冬方式。	在活动过程中以幼儿讨论为主,结合前期资料的收集和幼儿经验的积累开展讨论。教师在指导过程中要给予幼儿大量说的机会,鼓励幼儿大胆交流。

(三)科学讨论型教育活动拓展建议

(1)科学讨论活动可以和其他几种类型的探究活动紧密结合,在不同类型的科学活动结束时,鼓励幼儿大胆表述、充分交流和讨论。形成民主教学氛围,引导幼儿主动探索、积极思考,将讨论主题进一步深化,从而进一步激发幼儿学习的兴趣。

(2)注意倾听幼儿在日常生活中感兴趣的话题,生成新的讨论主题。

(3)活动结束不急于给讨论主题下结论,鼓励幼儿通过实验操作、观察认识、查阅资料等方式继续寻找答案。

四、技术操作型教育活动设计

(一)技术操作型教育活动设计与组织要求

1.活动内容

一是设计技术,即在进行科技小制作中要思考的方法;二是使用技术,即幼儿在学习使用某种科技产品或工具时要掌握的操作技巧。如有趣的不倒翁、动力橡皮筋、制作小火箭、厨房小工具。

2.活动目标

包括提高设计制作能力、实用工具技能、展示分享能力。

3.活动准备

(1)经验准备:幼儿的学习是建立在原有经验基础上的,因此选择的内容应以幼儿熟悉的或有经验的为主。

(2)物质准备:材料特点为丰富而实用。可以是半成品,包括废旧材料(牙膏盒、可乐罐、饮料瓶、包装盒)等。

4.活动过程的设计步骤

(1)学习使用科技产品:观察—尝试操作—交流讨论—正确操作;

(2)科技小制作活动:演示—操作—交流讨论—展示分享。

(二)技术操作型教育活动案例与评析

大班科学教育活动设计:"自制指南针"——技术操作型

	活动设计	活动评析
设计意图	《3—6岁儿童学习与发展指南》指出"支持和鼓励幼儿在探究的过程中积极动手动脑寻找答案或解决问题"。大班孩子经验丰富,动手能力较强。在集体教学活动时,偶然的一次故事分享活动,让我组大班幼儿对指南针表现出明显兴趣。特设计此次活动,指引幼儿进一步了解指南针,并尝试动手制作,加深对指南针的理解,引导幼儿感知指南针与磁场的关系。	本次活动教师关注了《指南》中关于科学教育的指导建议。选择动手制作指南针活动,是基于幼儿对磁铁已有的科学经验,且贴近幼儿的实际生活经验,能支持幼儿在现有经验的基础上学习新的内容。内容选择适合大班幼儿。
活动目标	1.了解指南针,初步理解指南、指北的原理。 2.尝试制作指南针(技术操作能力),乐于探索指南针与磁场的关系。	该活动目标为技术操作能力的发展。目标中的"尝试制作"就是鼓励幼儿通过亲自探究活动解决问题、寻找答案、得出结论。
活动准备	1.经验准备:见过指南针且了解磁场的特性、听过故事《自制指南针》。 2.材料准备:小盆、彩笔、磁铁、针、白纸、剪刀、水、图片、指南针。	在科技制作型材料的准备中,要考虑材料数量,确保每个幼儿都可以动手参与制作。此外可以准备不同层次的材料,如成品、半成品、纯制作材料等。

续表

	活动设计	活动评析
活动过程	一、情境导入,激发兴趣 一艘大船在东海航行,突然天空变得阴暗起来,眼看一场大雨要来临,怎么办?必须马上回到港口才会比较安全。可是,茫茫大海该往哪儿回呢?小朋友们,我们用什么办法来帮助船长确定方向啊? 二、欣赏动画,初步认识指南针 1.观看视频。 2.说一说了解到的指南针。 小结:我国是四大文明古国之一,具有悠久的历史。四大发明是中国古代劳动人民智慧的结晶,其中指南针就是四大发明之一。 三、观察图片,进一步了解指南针 1.大胆表述观察到的图片中的指南针的特征。(教师出示几种不同时期的指南针图片:指南车、司南、指南鱼、指南龟……) 2.猜一猜,指南针的妙用。 小结:指南针可以用来确定方向,无论怎么转动,指针始终指向同一方向。 四、动手操作,尝试制作指南针 师:小朋友们,我们都听过关于指南针的故事,也见过指南针,有的小朋友还使用过。今天我们尝试自己制作一个指南针,看谁能挑战成功。 (一)制作磁针 用磁铁摩擦铁针的方法做磁针,把铁针的一端在磁铁上沿着一个方向摩擦30—50下。 小结:用磁铁摩擦铁针的方法做磁针,能使铁针变得有磁性。我们发现,磁化的铁针能吸引其他铁制品。 (二)确定磁针的南北极 1.取白纸,剪圆片,其半径较铁针长一些。 2.将磁化后的铁针穿入圆片。 3.小盆内装2/3的水,等待水面静止后将穿上磁针的圆片放入水中,观察针的转动。 4.对照指南针(实物)方向,我们发现圆片针与指南针指针方向相同,用彩笔在圆片针上标记出南北极。	该活动属于科技小制作。活动的过程包括演示—操作—交流讨论—展示分享四个环节,重点要关注幼儿发现问题及解决问题的过程。 环节一为激发幼儿兴趣,初步了解指南针的作用。 环节二、三通过观察认识指南针的组成,为动手操作奠定基础。

续表

	活动设计	活动评析
活动过程	5.再次放入水中进行确认。 小结：地球是一个大磁体。地球的两个极分别在接近地理南极和地理北极的地方。地球表面的磁体，当指针可以自由转动时，就会因磁体同性相斥、异性相吸的性质指示南北。 五、幼儿分享交流制作指南针的方法。 师：谁来说一说你是怎么做的指南针？遇到了什么困难？你是怎么解决的？	环节四中操作为主要环节，教师要密切观察，适时介入，不要随意打断幼儿或包办代替。 环节五为交流分享环节，重点关注幼儿遇到的问题及自主解决策略。既是展示分享环节也是活动延伸环节，该环节可以使幼儿获得成功感和增加自信心，有助于科学探究兴趣的持续。

(三)技术操作型教育活动拓展建议

(1)举办展览会。如"×××"展览会，展示幼儿的科技制作作品，组织幼儿相互参观学习所制作的物品，进一步增强幼儿动手操作后的成功喜悦和探索兴趣。

(2)启发幼儿想象设计新的物品。如"自制净水器"并与同伴交流自己设计的物品独特之处、有什么作用等。

第七章

乡村幼儿园科学领域（数学）教育活动组织与指导

学习目标

◎ 乡村幼儿数学能力发展的关键经验。

◎ 乡村幼儿园数学教育活动的组织指导策略。

◎ 乡村幼儿园数学教育活动的设计与组织。

思维导图

乡村幼儿园科学领域（数学）教育活动组织
- 乡村幼儿数学能力发展关键经验与教育策略
  - 乡村幼儿数学能力发展的关键经验
  - 乡村幼儿园数学教育活动的组织指导策略
- 乡村幼儿园数学教育活动的设计与组织
  - 分类教育活动设计
  - 数运算教育活动设计与组织
  - 量的比较教育活动设计
  - 图形的认识教育活动设计

幼儿数学教育是在教师或成人的指导下，通过自身的操作活动，对客观世界的数量关系及空间形式进行感知、观察、操作、发现并主动探索的过程；是幼儿积累大量的数学的感性经验，主动建构表象水平的初步的数学概念，学习简单的数学方法和技能，发展思维能力的过程；是发展幼儿好奇心、探索欲、自信心，得到愉快的情感体验，产生对数学活动的兴趣以及培养良好的学习习惯的过程。

幼儿处在逻辑思维和数概念初步形成和发展的时期。数学不仅是他们认识事物、解决问题的工具，更能锻炼、发展他们的抽象思维，培养他们良好的学习品质，为其小学阶段的学习和未来发展打下良好基础。[①]

本章将从幼儿数学教育的四大主题——集合与模式、数与运算、比较与测量、图形与空间入手，对乡村幼儿园数学领域教育活动指导策略进行简要阐述，对分类教育活动、数运算教育活动、量的比较教育活动、图形的认识教育活动的相关案例进行一些分析。

第一节　乡村幼儿数学能力发展关键经验与教育策略

一、乡村幼儿数学能力发展的关键经验[①]

结合"集合与模式""数与运算""比较与测量""图形与空间"四大方面的数学主题，3—6岁儿童数学学习的关键经验包括"集合分类""模式排序""计数数字符号""运算""量的比较""测量""几何图形""空间方位"等方面的经验。

---

① 黄瑾，田方.学前儿童数学学习与发展核心经验[M].南京：南京师范大学出版社，2015：9.

(一)集合与模式

生活中充满了可供幼儿感知和形成集合与分类经验的各种机会:清理一下自己的玩具柜,把玩具分类归放整齐;把散步时收集起来的落叶加以分类;给建构区的小积木分类;等等。这些自然发生的活动可以引发幼儿关于集合与分类的学习,幼儿在这类活动过程中都会涉及一个最基本的数学核心认知经验——集合与分类。

分类活动是指幼儿把具有一个或几个共同特征的物体聚集在一起的活动,涉及集合的分类与对应这一关键经验。

集合的核心经验要点:物体的属性可用来对物体进行匹配、分类,组成不同的集合;同样一组物体可以按照不同的方式进行分类;集合之间可以进行比较,感知其关系。

模式的核心经验要点:模式就是按照一定的规则排成的序列(可以是重复或发展的)。它不仅存在于数学中,还存在于这个世界中,(ABABAB,ABABBABBB)识别模式有助于进行预测和归纳概括;同一模式可以用不同的方式来表征。

(二)数与运算

计数活动让幼儿会手口一致地点数,并能说出实物的总数。认识相应的数字,理解数字的意义。能按物取数、按数取物,理解数的实际意义。通过学习10以内的序数,幼儿能理解序数的含义,能用序数词正确地表示10以内物体排列的次序。幼儿的运算主要指10以内数的加减运算,是幼儿数概念发展的延伸。数运算是理解数与数之间结构关系(组成与分解)和数量变化的一种能力。

数与运算涉及计数、数符号、数运算三个关键经验。

计数的核心经验要点:可以通过计数来确定一个集合中数量的"多少";计数的基本原则[固定顺序、一一对应、顺序无关、基数原则(计数到最后一个物体的数词代表该集合的总数)]适用于任何集合;小集合的数量可以不数数就直接感知到(目测数、估数)。

数符号的核心经验要点:数字有多种不同的用途;数量是物体集合的一个属性,我们用数字来命名具体的数量。

数运算的核心经验要点:给一个集合里添加物体能使集合变大(组合),而拿走一些物体使集合变小(分解);可以根据数量的属性来进行比较,还可以根据多、少、相等来进行排序;一定数量的物体(整体)可以分成几个相等或不相等的部分,这几个部分又可以合成一个整体。

(三)比较与测量

比较与测量涉及量的比较和测量两个关键经验。

量的比较核心经验要点:确定属性特征是量的比较之重要前提(让幼儿对长短、高矮、粗细、厚薄、宽窄有认识);语言可以用来识别和描述特定的属性(能用相应的词语描述更长、更短);量的比较具有相对性、传递性。

测量的核心经验要点:比较必须是"均等"的,即计量单位的大小必须相等,且必须是不间断或没有重叠的;即使是一个物体,也有许多不同的属性特征可以进行比较与测量,了解和确定物体的属性特征是进行比较与测量的重要前提;计量单位的大小与测量出的单位数量之间是一种反向的关系,也就是说,当计量单位越小时,测量的物体中包含的单位数量就越多(同样的桌子,有的小朋友测量是4根小棒长,有的小朋友测量出来又是6根小棒长呢)。学前儿童涉及的主要是直接测量的学习,一般不使用常用的计量单位,仅是一种非标准测量,通常称为自然测量。所谓自然测量,是指利用自然物(如虎口、臂长、小棒、绳子等)而非标准测量物(如尺)作为测量工具来测量物体的长短、高矮、粗细等。

(四)图形与空间

图形与空间涉及几何图形的特征、几何图形的分解组合、空间方位、空间视觉化、时间五个关键经验。

图形的核心经验要点:对图形特征的分析和比较可以帮助我们对图形进行定义和分类;不同的图形可以合成一个新的图形(组合),或分割成其他图形(分解);图形变换包括移动、翻转或旋转变化等。

空间的核心经验要点:空间方位可以帮助我们准确、详细地表明方向、路线和位置等,描述位置和方向的方位语言很重要,它们常常是相对的:前和后、上和下、左和右或近和远。视觉图像:大脑中的视觉图像可以用来描述和操作图形、方向和位置等。

二、乡村幼儿园数学教育活动的组织指导策略[1]

要使数学活动能够真正做到激发学习兴趣、发展数学能力、培养数学思维的作

---

[1] 黄瑾.幼儿园数学教育与活动设计[M].北京:高等教育出版社.2010:87—97.

用,教师除了要做到对集合、数感、数数、数运算、模式、测量、数据分析、空间关系、图形等相关的幼儿园数学核心概念、内涵有准确的认识和深刻的理解,要知道幼儿园的数学教给孩子的内容以外,更重要的是要知道如何教,如何让幼儿的数学学习变得有趣、生动,孩子易于接受和理解,这就需要我们掌握有效的数学教学策略。

(一)制订合理的目标,选择适宜和有价值的教育内容

数学活动目标指数学活动要达到的具体教育效果,应包括学习内容的要求和幼儿行为的养成要求。制订目标时应以《指南》为依据,同时全面考虑幼儿通过学习应该掌握哪些关键经验及幼儿的年龄特点。目标的表述上要具体、明确,明确具体的行为动词、行为条件和表现的程度,尽量以幼儿为行为主体。

教育活动内容的选择,应符合幼儿的兴趣和现有经验,贴近幼儿的生活。目前我们乡村幼儿园正在使用的教材中的许多内容,离我们农村孩子的生活较远,孩子兴趣不浓,甚至有些内容无法在我们农村幼儿园实施。因此,我们可以尝试寻找地方乡土资源中有价值的内容,补充扩展现有教材中不符合当地情况的一些主题,巧用乡土资源充实活动内容,并与幼儿园教育环境紧密结合,开展丰富的数学教学活动,活化乡村幼儿园的数学课程。陈鹤琴先生也曾说过:"大自然,大社会是活教材"。这对地处农村地区的幼儿园来说是得天独厚的条件。

在农村特殊的自然环境中,蕴藏着极其丰富的观察内容:动物、植物、自然环境景观等等。只要我们有一双善于发现的眼睛,充分发挥农村幼儿园的优势,利用农村资源中一切教育因素,开展数学教育活动,就能提高幼儿学习数学的兴趣。我们可以发动每一个幼儿收集植物果实,让幼儿按大小、种类、颜色进行分类,认识"1"和许多,进行数数,一一对应,进行数的分合练习;利用旧毛线进行测量;利用小木棍进行拼图;等等。幼儿在操作过程中,既锻炼了手指的灵活性,又逐渐对数学有了初步的了解。我们可以带幼儿玩民间游戏如"拍手歌",让幼儿在拍手的过程中就学会数数。可以带领幼儿比赛扔松果,让幼儿掌握空间方位描述词,如前后、左右、远近、上下、高低;带领幼儿采摘各种野花,让他们对不同的花进行分类;还可以让幼儿分装蔬果,让他们学会比"多"、比"少"、比"轻"、比"重"。

总之,农村的资源是很丰富的。只要我们带领幼儿走出课堂,走进大自然的怀抱,留心观察,多接触大自然,幼儿学习数学的兴趣一定会大大提高的。只要我们关注了幼儿的兴趣和真实需要,在对幼儿的年龄特点、发展水平和原有经验了解的基础

上,继而合理利用农村乡土资源,选择适宜的、有价值的数学教育内容,那我们的乡村幼儿数学教育活动就一定会丰富多彩。

(二)充分地进行教学活动准备

充分的教学活动准备是有效教学的前提。教学活动的准备包括:学习经验的选择;幼儿经验的准备和教具、学具、环境创设等方面的物质准备。首先,教师根据活动目标和不同年龄阶段的幼儿的认知特点,为幼儿选择要获得的合适的数学学习经验,选择适宜的、丰富的教学形式;其次,教师要考虑即将进行的数学学习活动幼儿必须先掌握哪些知识技能,具备哪些能力;再次,教师要充分利用本土资源和乡村自然资源(砖头、石头、小树枝、蔬菜瓜果、植物的叶子等)为乡村幼儿提供有意义的、多样的物质材料,让幼儿通过动脑发现、动手操作、动口交流继而掌握数学概念和能力。

(三)选择多样化的途径和方法

要避免两种极端教学:被迫的接受和来自教师的灌输。可多采用游戏法、操作法、演示法等教学方法。

1.利用自然物和日常生活情境展开教学

在日常生活中,孩子无时无刻不在与数学打着交道,数学教学也对孩子的生活有着独特的影响。孩子来园后,可以引导幼儿在体育运动和日常生活中体验数学,如:拍皮球游戏,让幼儿体验"1"和"许多"的不同并尝试5以内的点数;在练习双脚跳游戏中,引导幼儿"跳一下""跳五下""跳很多下";在吃餐点的时候,引导孩子们数数自己吃了几块饼干,每张桌子上分几个小碗和几把勺子;在整理玩具的时候,引导他们按颜色、类别进行分类;在散步时,让他们点数地里种植的萝卜、白菜;采摘野花、捡落叶,使孩子理解数的实际意义,引导他们说说花草的数目、形状、颜色等;通过摘果子、装蔬菜等活动感知数的组成与分解。孩子在轻松自然的一日生活中获得数、形、量的知识和经验,增强求知欲和学习兴趣,形成初步的数概念。

作为乡村教师还可利用乡村自然资源如蔬果、树叶、石头、小棍等为幼儿投放丰富和足量的操作材料,让幼儿有充分的时间和空间,与材料进行交互作用,从而获得大量的数学感性经验。在让幼儿摆弄这些物品的同时,教师要鼓励幼儿尝试用相关的"数学语言"进行表述或交流,从中了解他们的理解能力达到了哪种程度。

2.让幼儿在游戏中快乐地学习数学

爱玩是幼儿的天性,游戏是幼儿的基本活动。《纲要》指出:"以游戏为基本活动",寓教育于各项活动之中。根据幼儿的年龄特点和教学内容,开展一些与教学有关的游戏活动,是激发幼儿学习兴趣、提高教学质量的有效途径。因此,教师应充分认识到游戏在数学教学中的作用,巧妙设计、有效组织游戏教学活动,寓教于乐,使幼儿在轻松愉快中学习。

例如,在认识几何图形时,可以和孩子玩"铺地砖"的游戏。乡村教师可以和幼儿一起收集废旧纸箱,用大纸箱的硬纸板挖出一些大小、形状不一的几何图形,并将挖出后的几何图形进行拼接。这样的游戏既巩固了幼儿对几何图形的认识,又便于幼儿发现和改正错误。在幼儿的空间方位认知与学习中,玩"寻宝"的游戏,即把"宝物"藏在活动室或者院子里的某个地点,然后鼓励他们按照图上的提示去寻找"宝物"。

在乡村幼儿数学教育活动中,教师应着眼于激发幼儿的学习兴趣,对各种教学方法的运用不拘于形式,互相渗透、灵活穿插、有机结合,以达到最佳的教学效果。

(四)家园合作,促进幼儿数学能力的提高

利用家长会和班级微信群聊的方式,向幼儿家长介绍幼儿的数学学习内容和应具备的数学能力,经常让幼儿父母观摩优质的数学教育活动。通过观摩幼儿园数学教育活动,他们可以进一步了解利用主题活动、区域活动、日常生活、游戏等方式进行数学教育的课程模式,了解操作法、游戏法等数学教育的基本方法。父母是重要的课程资源,引导幼儿父母参与到幼儿数学教育活动中,让家长直接了解幼儿数学活动的特点、更好地理解幼儿教育的新理念。如"瓶盖宝宝找妈妈",可以发动家长和老师一起设计并搜集废旧材料,与幼儿一起玩游戏。这样幼儿家长不仅能够很好地与幼儿教师形成教育的合力,还能把从课堂上看到和学到的好游戏、好方法迁移到自己家庭环境的创设和对孩子的家庭数学教育中。鼓励家长与幼儿进行亲子互动学习,以"亲子运动会"为例,大班可以举行亲子跳绳活动,互相数数,看哪个家庭跳的个数多;中班可以举行拍皮球活动,看谁拍的个数多;让家长亲身体验到数学的有用和有趣。

第二节
乡村幼儿园数学教育活动的设计与组织[1][2]

结合《3—6岁儿童学习与发展指南》数学领域集合与模式、数与运算、比较与测量、图形与空间的四大主题,数学教育活动设计列举了其中的"分类教育""数运算的教育""量的比较教育""图形的认识教育"四种类型。

一、分类教育活动设计[3]

分类是指将一组事物按照特定的标准加以区分,并同时进行归类的过程。分类是对不同集合进行区分的过程,是建立在集合思想的基础之上的。也就是说,集合是分类的基础,对集合先按照特定的标准加以区分,再进行合并就称为分类。概括地说,集合是对数学概念、数学思想的描述,分类则是对数学能力、数学活动的描述,两者本质上是一体相连的。

(一)分类教育活动设计与组织要求

1. 活动内容分类

分类活动可以设计求同操作分类(幼儿在体验的过程中发现并挑选出具有某种共同属性的物体),从而形成相应的类的概念;可以设计分类操作活动,按外部特征分类(物体的外部特征包括形状、颜色、大小等)、按内部属性分类(物体的内部属性就是物体的性质或用途)、按数量关系和逻辑关系分类(将具有相同数量的物品归并在一起,将具有某种特征和不具有某种特征的物体分开摆放)。

对中大班幼儿来说,分类活动的重点可以放在"按照几种特征来分类""按照事物内在的、物理的特性来分类"以及"感知集合间的包含或相等关系乃至两个集合间的交集、并集"等方面。随着幼儿经验的积累,也可以尝试引导幼儿学习同时满足两种

---

[1] 史月杰.幼儿园数学教育与活动指导[M].北京:北京师范大学出版社,2017:122-126,194-200,214-220,234-236.
[2] 黄瑾.幼儿园数学教育与活动设计[M].北京:高等教育出版社,2010:170-173,187-188,190-191,203-205,221-224,229-230,236-239.
[3] 周梅林.幼儿数学教育活动设计与指导[M].北京:中国劳动社会保障出版社,2014:10-17,32-35,51,58-61,76-92.

标准分类,如要幼儿找出既是红色又是两个孔的纽扣。

2.活动目标

结合"集合的分类与对应"及各年龄段的关键经验,依据各年龄段幼儿的特点和现有水平来制订目标。

3.活动准备

经验准备:能根据物体的一个外部特征进行分类(大小、颜色、形状),并认识大小、颜色、形状标记。物质准备:可以在乡村收集一些树叶、蔬果、石头等物品用于幼儿进行分类操作活动。

4.活动过程和活动延伸

活动过程一般分为3个部分:活动开始、活动进行、活动结束。

活动开始部分:精心选择和整理分类活动所需材料,创设问题情境,运用各种方式、方法引起幼儿的学习兴趣,使幼儿主动、积极地进行学习。活动进行部分:引导幼儿仔细观察材料并充分地思考可以按什么条件分、怎样分,鼓励幼儿表达和交流分类的结果,以利于他们形成类的概念,感知、理解蕴含在集合中的包含关系。活动结束部分:教师帮助幼儿归纳整理活动中获得的经验,使幼儿获得的分类知识系统化;对幼儿在活动中的表现进行总结评价。活动延伸可与日常生活和区域活动相结合,此处不赘述。

(二)分类教育活动案例与评析

中班数学领域(分类)集中教育活动——"无处不在的分类"[①]

	活动设计	活动评析
设计意图	在《3—6岁儿童学习与发展指南》中数学认知标准2"能给物体分类"指出,幼儿4岁要能根据一种外部特征给物体分类,如能够根据形状或颜色给树叶分类。幼儿5岁应能根据两种或两种以上的特征给物体分类,如换季时,把衣服同时按棉衣和单衣、大人的和小孩的分开放置。能按功用给生活中常见的物体分类。如把桌、椅归为一类,把碗、筷归为一类。通过小班的学习,幼儿已初步认识了分类,但3岁左右的幼儿不能按某个特征对物体进行分类。在"无处不在的分类"这个活动中,引导鼓励中班幼儿尝试学习按一个维度对常见事物进行分类。在日常生活中丰富幼儿的生活经验,随时随地地培养幼儿的分类能力。	小班幼儿对物体的感知是笼统的、模糊的,他们更分不清物体的非本质特征和本质特征。如把具有同样颜色或形状的物体放在一起,而不是把具有共同性质的物体归为一类。小班幼儿只以求同能力的培养为主,而中班应该进行分类能力的培养。

[①] 史月杰.幼儿园数学教育与活动指导[M].北京:北京师范大学出版社,2017:62—65,188—199,234—238.

续表

	活动设计	活动评析
活动目标	1.能联系日常生活经验按关联、材料、数量等不同特征进行分类。 2.尝试学习按一个维度对常见事物进行分类。 3.体验到分类活动的乐趣。	活动目标的设计以幼儿为中心,幼儿是活动的主体。
活动准备	经验准备:通过小班的学习,幼儿已初步认识了分类。 物质准备: 1.蛋糕、花篮等图片若干。 2.数字1—5四种花色纸牌。	结合乡村实际从幼儿身边寻找材料。
活动过程	一、"摘果子"游戏导入(将奇异树上的梨、苹果摘下来装到两个筐里) 二、导学 (一)分一分 1.看看说说,图片上都有什么？要把它们(蛋糕、花篮、水果、洗衣机、电饭锅、蜡烛、汉堡等图片)分别装到不同篮子。 2.幼儿互相交流:图片上的物品可以怎样分类。 3.师幼共同梳理得出结论:图片上的东西可以按吃的和用的分。 (二)分分玩玩 1.数一数,说一说。 数一数每种花色的纸牌一共有几张,说一说这些纸牌都有哪些相同与不同,可以怎样分成两堆。 2.幼儿互相交流想法。 3.幼儿分享交流成果,师幼共同梳理。 有一些花色相同,但同时也有不同的花色;有一些是相同的颜色,同样有些颜色不同;有些数字一样,同样有些数字不一样。鼓励幼儿把这些纸牌分一分,玩一玩。可按颜色分、花色分、数字分等。 三、导结:幼儿和同伴分享一下自己在活动中学会了什么 延伸:益智区域给幼儿准备好实物材料,让幼儿分一分,玩一玩。	环节一:以简单的分装果子游戏导入活动,降低起始难度,激发幼儿参与活动的兴趣。 环节二:导学设计了"分一分",增加了分类难度,幼儿需要观察并思考物品的用途(是吃的还是用的),需要幼儿联系生活常识考虑问题。 "分分玩玩",分类难度再次加大,需要幼儿观察到扑克牌的颜色、花色及数字的不同。 整个过程,分类难度层层递进。让幼儿通过动手操作、合作学习解决问题,通过操作主动学习分类。让幼儿在分一分,玩一玩中理解巩固所学知识,而不是教师"自说自唱"填鸭式地总结灌入分类理论。

(三)分类教育活动拓展建议

(1)利用区域活动对幼儿进行分类指导。教师可结合益智区的游戏活动对幼儿进行分类能力的培养,如小班益智区活动"小猫捉鱼"——请小猫们(小朋友当小猫)把取回来的鱼按颜色进行分类,巩固认识红、黄、绿三种色彩。

(2)可以结合健康领域和社会领域玩垃圾分类的小游戏。

(3)日常生活中可以结合捡落叶、捡石子,对不同的树叶和石子进行分类。

二、数运算教育活动设计与组织

学前儿童数的概念的学习与发展包含着丰富的内容,其中最核心的三个方面是计数、数量比较和理解数字符号含义[①]。幼儿的数的运算主要指10以内数的加减运算,是幼儿数的概念发展的延伸。数的运算是理解数与数之间结构关系(组成与分解)和数量变化的一种能力。

(一)数运算教育活动设计与组织要求

1.活动内容

结合《3—6岁儿童学习与发展指南》中数学认知所指出的目标2(感知和理解数、量及数量关系),通过实物操作引导幼儿理解数与数之间的关系,并用"加"或"减"的办法来解决问题。乡村教师可以利用采摘瓜果——运送瓜果设计加减运算活动,可以利用收集的豆子、玉米设计数的分解与组合活动,可以利用幼儿常见的鸡、鸭、牛、羊设计加减运算活动。

2.活动目标

结合5—6岁幼儿数学发展目标——学习10以内数的加减,认识加号、减号,理解加法和减法的含义,初步掌握10以内数加减运算的技能,初步体验加减互逆关系。学习10以内的组成分解,感知和理解数的分解中的三种规律:互换规律、互补规律与组数的规律。从情感态度、认知和能力三个维度来制订具体的教学活动的目标。

3.活动准备

经验准备:了解不同年龄阶段幼儿数的概念掌握与数的运算能力现状是教师组织开展此类活动的基础。

---

① 田方.幼儿教育·教育教学版[EB/OL].(2016-09)[2021-12-12].http://www.doczj.com/doc/f46668408.html

物质准备:可以结合乡村实际进行"一物多用"的学习,对幼儿进行数的概念与数的运算的教育。比如农村家家都有的豆子、玉米。

4.活动过程和活动延伸

活动过程的组织一般分为三个步骤:导入—导学—导结。

在实施活动过程时可以考虑:①运用多种方式进行导入活动。②精心设计教学语言,运用多样化的教学方法组织导学活动,对幼儿进行加减运算教学时,注意在幼儿操作的基础上讲解、演示然后让幼儿操作学习,再引导幼儿探索互补与互换规律,运用组成规律学习新的组成。③师幼共同梳理探究结果,进入导结活动。④活动延伸(可结合生活活动和区域活动开展,可以家园共育)。

活动视频

(二)数运算教育活动案例与评析

大班数学领域(数的概念和数的运算)集中教育活动——"10的分解和组成"

	活动设计	活动评析
设计意图	数的组成和分解是数的概念教育内容中的一个重要组成部分。《指南》要求幼儿从生活和游戏中感知事物的数量关系,还要关注幼儿探索、操作、交流、问题解决和合作的能力。本学期大班幼儿已经学过了"6—9以内各数分解与组成",对于数的组成他们也已经有了一定经验。"10的分解和组成"的教学,尝试让幼儿亲自动手操作,然后记录结果,在教师的引导下寻找分解和组成的规律,让幼儿在玩中学,以达到活动目标与幼儿兴趣最优化的结合。	设计意图以《指南》为依据,以幼儿现状为基础,找到了所选内容和《指南》要求的联系。
活动目标	1.引导幼儿动手操作,感知10的分解组成,掌握10的九种分法。 2.掌握数的分解的递减、组成的递增规律和互相交换的规律。 3.培养幼儿对数学的兴趣。	活动目标的设计既有知识方面的目标又有能力、情感方面的目标。
活动准备	1.经验准备:幼儿已经学过了6—9以内各数分解与组成。 2.物质准备:矿泉水瓶若干个、废报纸球10个、铅笔、卡纸、幼儿用书、数字卡片、一体机。	集体教学活动的准备中,相关的物质准备和经验准备是必需的。安全卫生、与幼儿人数匹配的物质材料准备很重要,这也是孩子活动创造、尽兴(愉悦)的必要条件。

续表

活动设计	活动评析
一、导入——出示数卡复习9的组成 师:宝宝,这是数字几?(9)今天我们来玩碰球游戏。小朋友与老师的数合起来是9。嘿嘿,我的"1"球碰几球?(2345)嘿嘿,你的"1"球碰"8"球。(集体小组和个别) 二、导学——学习10的组成和分解 (一)手指动起来 1.(师)小小手指有几根? 一、二、三、四、五、六、七、八、九、十。一根一根数来做好朋友。 2.教师引导幼儿10根手指的伸法,伸出双手(和老师一起伸手指数数)。 3.小朋友可真棒,来一边说一边做吧,相信你们能行。 4.数得真好,1和9合在一起是多少呢? 2和8? 3和7? 4和6? 5和5?(指名回答适时鼓励)我们还可以这样说:10可以分成1和9,9和1…… (二)玩游戏:打保龄球 1.幼儿分成4组,每5人一组。每组请一名幼儿做记录,其余幼儿动手操作把10个矿泉水瓶摆成一排,用废报纸球去打水瓶,让幼儿观察打到了几个?还有几个没打到?这样合起来有几个?(记一记,思考10的多种分法)。 2.教师与幼儿共同梳理总结10的九种分法。 (三)趣味练习:"分豆豆" 幼儿自主操作把10粒豆子装到两个盘子里,自己分自己记录,要保证分法不重复且两个盘子都有豆子,盘子外不能有剩余的豆子。 三、导结 引导幼儿观察10的分解式,发现总结10以内的数分解组成规律:除1以外,每个数分法的种类都比本身少1;把一个数分解成两个较小的数,所分成的两个数合起来就是原来的数,即整体大于部分;把一个数分成两部分,如果部分增加1,另外一部分就减少个1,即递增递减规律;交换规律。	环节一:复习9的组成,玩碰球游戏导入活动,引发幼儿对已有知识的回忆。 环节二:导学部分教师则让幼儿"手指动起来",让幼儿初步认识10的分解。 "打保龄球"游戏让幼儿分组合作,自主探究10的九种分法。 "分豆豆"幼儿再次巩固了10的九种分法。

(三)数运算教育活动拓展建议

(1)教师在教学数的组成与分解时要引导幼儿操作和理解数的组成和分解的多种方式,可以利用数字卡片、点子卡片进行10以内数的组成与分解的游戏。

(2)可以在生活区投放可点数的蔬果让幼儿练习数的点数和数的分合,可以在益智区投放扑克牌让幼儿练习数的分合;可以利用生活活动发餐点、分碗勺进行数的点数和加减;可以家园共育,利用家里有几口人、几只鸭、几个房间等让幼儿练习计数和进行数运算。

(3)可以结合故事情境或日常生活情境引导幼儿去关注数的组成与分解的问题。

三、量的比较教育活动设计

量的比较:儿童在日常生活中有大量的机会通过感知来了解和比较物体的各种特征。如通过积木来学习长度、重量和面积的知识,通过玩沙、玩水来学习容量的知识等等。

测量:就是把一个待测定的量与一个标准的同类量进行比较。学前儿童涉及的主要是直接测量的学习,一般不使用常用的计量单位,仅是一种非标准测量,通常称为自然测量。所谓自然测量,是指利用自然物(如虎口、臂长、小棒、绳子、瓶子等)而非标准测量物(如尺等)作为测量工具来测量物体的长短、高矮、粗细等。

(一)量的比较教育活动设计与组织要求

1.活动内容

《指南》中数学认知第二条目标感知和理解数、量及数量关系涉及了最基本的数学知识技能和能力。这条目标对小班儿童的要求是理解有关大小、多少和高矮的概念,并能准确使用这些术语,即要求儿童在两两比较的情况下用语言来描述物体的量的特征。乡村幼儿园小班可以设计活动——大家一起比高矮:学习比较高矮的方法(站在同一个平面对物体进行高矮比较的方法),能从3个物体中找出最高的和最矮的。搭山洞:认识高矮排序的标记,会按高矮给4个物体排序。对中班儿童的要求是感知和区分粗细、长短、厚薄、轻重。同样是要求儿童能理解这些概念和会使用相关术语描述物体的特征。中班可以设计——比厚薄:让幼儿区分、比较物体的厚薄,并排序。对大班儿童的要求是能初步理解量的相对性,大班可以设计——玩跷跷板:让幼儿在3个物体相比较的情况下,能说出物体B小于物体A但大于物体C。

2.活动目标

可以依据量的比较涉及的关键经验"连续量的比较与排序(确定属性特征是量的比较的重要前提);语言可用来识别和描述特定的二属性(感知和区分物体的粗细、厚薄、宽窄等量方面的特点,并能用相应的词语描述;能运用比较的基本方法比较物体的粗细、厚薄、轻重);量的比较具有相对性、传递性(能按照物体量的差异:大小、长短、高矮、粗细、厚薄进行6以内物体的正逆排序,体验量的相对性)"来制订目标。

3.活动准备

经验准备:幼儿已有对4个物体的大小、长短、高矮比较排序的经验;

物质准备:利用乡村幼儿身边的可用资源,如桌椅、不同的笔、树、水管等让幼儿进行物体的比较。

4.活动过程和延伸

在实施活动过程中可以考虑按下列步骤进行:导入(运用恰当的方式引出问题,交代操作规则)—导学(幼儿进行操作活动)—导结(师幼共同归纳比较的方法进入导结活动,并对活动过程作适当评价)—活动延伸(与幼儿日常生活和区域活动相结合)。

(二)量的比较教育活动案例及评析

中班数学领域(量的比较)集中教育活动——"比较粗细"

	活动设计	活动评析
设计意图	《指南》中运用数学知识解决问题,有关量的指标要求是4岁幼儿会用直接比较的方式判断两个物体的长短。5岁幼儿能借助其他物体比较实物的高矮、长短、粗细等。如用绳子当工具比较两棵树的粗细。生活中,4—5岁的乡村幼儿已经开始关注大小和长短不同的物体,选择此内容是为了让幼儿学会比较长短、粗细的基本方法。	量的比较活动是幼儿比较感兴趣的一项数学活动,也是一项操作性很强的活动。幼儿可以通过一次活动较为正确地掌握量的比较方法,并同时知道量的相对性。
活动目标	1.学会比较物体的粗细,并用"粗"或"细"正确表述比较结果。 2.能找出一样粗或一样细的物体。 3.能按粗细的差异进行正逆排列。 4.培养幼儿的观察、比较能力。	整个活动目标明确,层次清楚,层层递进。
活动准备	1.经验准备:利用散步时间带领幼儿观察周围环境中桌椅的腿、大树、柱子、栏杆等粗细不同的物体,引导幼儿发现物体的粗细差异。 2.物质准备:串珠若干,3根颜色不同、粗细不同的吸管人手一份,内放粗细不同的彩笔、吸管、木棍等的操作盒人手一个。彩笔、棍子、绳子、橡皮泥等分组操作材料。	本活动操作的材料大部分是现成的,有的是和幼儿一起准备的,也有的是随手可得的,适合日常教学。

续表

活动设计	活动评析
一、导入——穿珠子游戏中发现粗细 1.引导幼儿用粗细不同的牙签、彩笔等穿木珠，看看结果。 2.讨论：你在穿木珠的过程中发现什么了？为什么会出现这种情况？ 3.小结：东西有粗和细之分，牙签比较细，可以穿过木珠，而彩笔比较粗，没办法穿过木珠。 二、导学——初步感知、比较粗细 (一)比较不同粗细的吸管 1.引导语：我们玩了穿珠子的游戏，有的东西能穿过珠子，而有的东西不能穿过珠子，说明这些东西有粗有细。现在我们拿两根吸管来比一比它们的粗细。 2.请幼儿选取两根吸管，比一比哪根粗、哪根细，并说一说。 3.请幼儿取3根吸管，比一比哪根最粗、哪根最细。 讨论：你是用什么方法来比较的？除了用眼睛看的方法来比较吸管的粗细，你还能用什么方法比较吸管的粗细？ (二)粗细差异排序 1.游戏"排排队"。 　引导语：盒子里的东西有粗有细，请按从细到粗的顺序给它们排队，并将排好的顺序记录下来。 2.交流排队结果：你是怎么排的？怎样排，才能又对又快？　方法一：先找出最细的，然后找出最粗的，再把剩下的进行比较，依次排队。 　　方法二：从盒中先找出最细的，拿出来放在第一个。然后再从盒中找出最细的，拿出来放在第二个，反复运用这个方法依次排队。 (三)幼儿分组活动，巩固比较粗细 第一组：笔排队，提供5—7根不同粗细的彩笔，引导幼儿正逆排序。 第二组：棍子排排队。提供5—7根不同粗细的棍子，引导幼儿进行正逆排序(其中有一两根是一样粗的)。 第三组：搓面条。提供橡皮泥让幼儿搓出5—7条不同粗细的"面条"，并正逆排序。 三、导结 师幼共同梳理小结：单独一样东西是无法比较粗细的，两样东西才能比较出粗和细；三样东西比较粗细，能比出最粗和最细的；粗和细是相对的。	环节一：游戏导入，激发幼儿学习兴趣。 环节二：导学。 1."比较不同粗细的吸管"中幼儿初步了解了比较粗细的方法，通过与同伴交流操作，师幼小结掌握了粗细比较的方法，了解了量的相对性。 2."粗细差异排序"，游戏"排排队"再次让幼儿有了粗细比较的操作机会。 3.是"幼儿分组活动，巩固比较粗细"，幼儿通过不同的操作活动，再次巩固了粗细比较的方法。 三次的活动都是以幼儿动手操作为主，通过操作实践，由浅入深，环环紧扣。引导幼儿积极地与操作材料互动，让幼儿充分体验到数学活动的乐趣。让幼儿在"玩中学""学中玩"。

(活动过程)

活动设计	活动评析
活动过程	活动延伸 区域活动:1.将分组活动材料投放到益智区供幼儿继续操作。2.在活动中提供粗细不同的管道,引导幼儿从中找出粗细相近的管道并连接起来。3.引导幼儿用粗细不同的材料搭建围墙,可以按照粗细顺序排列或者垒高,也可以按照粗细间隔有规律地排列。	

(三)量的比较教育活动拓展建议

(1)学习了量的相关知识,教师可以引导儿童通过比较和借助简单的测量工具来解决生活中的问题,同时巩固对量的认识。

(2)利用晨间活动、散步活动的时间进行量的比较的谈话。

(3)利用区域活动,益智区、建构区进行比较操作活动;利用阅读区图画书上的图片让幼儿看图比较进行交流。

四、图形的认识教育活动设计[①]

幼儿的日常生活中充满了各种可以获得关于几何图形经验的机会。幼儿早期的数学学习主要聚焦圆形、三角形、长方形和正方形等规则图形,以及日常生活中常见的盒子、积木、圆柱体、球等三维几何实体。

(一)图形的认识教育活动设计与组织要求

1.活动内容

《指南》对小班幼儿提出"能注意物体较明显的形状特征,并能用自己的语言描述"的要求,这主要是对形状的整体认知和命名的要求。小班幼儿可以把"能注意物体较明显的形状特征,并能用自己的语言描述"作为活动内容。对中班儿童的要求有两条,一条是"能感知物体的形体结构特征,画出或拼搭出该物体的造型"。这主要是指对各种形状的特征有更为细致的了解,如对边和角的认识,并能用图画或积木、黏土等材料对形状进行表征。另一条是"能感知和发现常见几何图形的基本特征,并能进行分类"。中班幼儿可以把认识长方形、椭圆形和梯形,初步理解平面图形间的简

---

① 张俊.幼儿园数学领域教育精要——关键经验与活动指导[M].北京:教育科学出版社,2015:186-196

单关系作为活动内容。《指南》对大班儿童的要求是"能用常见的几何形体有创意地拼搭和画出物体的造型"。在中班对形状进行单独表征和对相似形状进行比较和概括的基础上,要求大班儿童能通过对形状的有创意的组合形成一个新的"产品",并能用图画表征出来。大班可以进一步把理解平面图形之间的关系,认识球体、正方体、圆柱体和长方体作为活动内容。

2.活动目标

可以依据几何图形涉及的关键经验"几何图形的特征,几何图形的分解组合"和乡村幼儿各个年龄段的图形认知水平来制订合理可行的目标。

3.活动准备

经验准备:一般来说,小班幼儿刚入园时已能认识3—4种形状,到小班末期可能认识6—7种形状。但多数乡村幼儿上小班了还不认识正方形、圆形,需要教师稍稍降低对小班上学期的图形认知要求的难度。

物质准备:环境的创设和教具、学具。师幼一起收集一些生活用品和各种自然物、废旧物品,用于制作和认识图形;画有各种几何图形的卡片等。

4.活动过程和活动延伸

活动的实施可以按以下步骤进行。

第一,让幼儿触摸几何图形,感受图形的特征;第二,引导幼儿用语言表达触摸的感受;第三,出示各种图形的卡纸,让幼儿给出名称;第四,让幼儿在教师提供的各种形状的图形中找出某类图形。

活动延伸。(可以和区域活动相结合,可以家园共育)

(二)图形的认识教育活动案例及评析

小班数学领域(几何)集中教育活动——"香香的饼干"(感知图形特征、命名图形)[1]

	活动设计	活动评析
设计意图	《3—6岁儿童学习与发展指南》中数学认知目标1是初步感知生活中数学的有用和有趣。提到3—4岁幼儿有关图形或形状的认识是这样描述的:感知和发现周围物体的形状是多种多样的,对不同的形状感兴趣。目标3感知形	小班幼儿对图形的感知是很笼统的。他们只看到图形的内部,而不注意图形的边界。本次活动的重点是认识圆

---

[1] 张慧和,朱琍瑶.幼儿园领域课程资源·数学[M].北京:教育科学出版社,2014:75-76.

续表

	活动设计	活动评析
设计意图	状与空间关系中提到3—4岁能注意物体较明显的形状特征,并用自己的语言描述。针对农村3—4幼儿对图形的认知还处在比较模糊的阶段,特设计此次活动,旨在引导幼儿感受生活中各种物品的形状特征,并尝试识别和描述。如感受和识别盘子、桌子、车轮、地砖等物品的形状特征。	形、正三角形和正方形,饼干只是作为增强活动趣味、吸引幼儿的一种手段。在认识图形基本特征时,教师要引导幼儿用手摸一摸,感受圆形的边缘是圆圆的,三角形和正方形都有角。
活动目标	1.初步感知并认识圆形、正三角形、正方形,能说出每种形状的名称。 2.感受数学活动的有趣,喜欢参加数学活动。	活动目标的定位切实根据幼儿的身心特点、知识储备、已有经验和兴趣来确定。目标表述做到了具体、明确。目标主次分明,以幼儿为活动主体。
活动准备	物质准备: 1.口袋1个,内装圆形、正三角形、正方形的饼干若干,数量超过幼儿人数,各形状数量均等;托盘3个,每个托盘里分别放一种形状的饼干,用于品尝。 2.小托盘每人1个。 经验准备:一般来说,小班幼儿刚入园时已能认识3—4种形状,但是农村初入园的小班幼儿大部分对于图形的认识还比较模糊。	
活动过程	1.摸饼干。 (1)教师出示口袋,用神秘的口吻说:这是一个奇妙的口袋,里面有些好吃的东西,谁愿意来摸摸,猜猜是什么。 (2)教师鼓励部分幼儿大胆地来摸,引导幼儿边摸边说自己摸的感觉,如硬硬的、尖尖的等。 (3)教师请幼儿取出一个自己摸到的东西,然后提问:你摸出的是什么东西?你知道它是什么样子的吗? (4)每个幼儿都摸一次,并把摸到的东西放在面前的小盘子中。 2.认饼干。 (1)教师请摸到正方形饼干的幼儿介绍饼干的形状,提问:你的饼干是什么样子的?引导幼儿感受正方形有直角。 (2)教师小结:这种饼干是方方的,它是一块正方形的饼干。	活动过程的四个环节"摸饼干""认饼干""吃饼干""寻找身边的图形"做到了几何形体教学的生活化、游戏化、操作化,以游戏情节贯穿始终。 第一"摸饼干"的活动,让幼儿触摸几何图形,感受图形的特征。引导幼儿用语言表达触摸的感受。 第二"认饼干"的活动,让幼儿在感受图形特征的基础上给图形命名。

续表

活动设计	活动评析
活动过程 (3)教师:还有谁摸的也是正方形的饼干？举起来给大家看看吧!鼓励摸到正方形饼干的幼儿把饼干举起来给大家看一看。 (4)教师分别请摸到三角形和圆形饼干的幼儿介绍饼干形状,感受三角形饼干有尖角,而圆形饼干没有尖角。 (5)师幼共同认识形状并说:这是三角形(圆形)的饼干。 3.吃饼干。 (1)教师出示分别装有圆形、三角形、正方形饼干的盘子,提问:饼干好吃吗？我们尝一尝吧!要先说一说你想吃什么形状的饼干,然后再取出这种形状的饼干吃。 (2)教师鼓励每个幼儿说说想吃的饼干形状,并取相应的饼干;观察幼儿说的和取的饼干形状是否一样,并给予及时指导。 (3)教师:你还想吃其他形状的饼干吗？请幼儿再次取饼干品尝。 4.寻找身边的图形。 (1)教师:大家可真能干,还有许多圆形、三角形、正方形躲在我们身边的其他地方,我们也去把它们找出来吧。 (2)教师带领幼儿在活动室内寻找,鼓励幼儿找到后说一说,如圆圆的钟、三角形的房顶等。	第三"吃饼干"的活动又使幼儿兴味盎然,把整个活动推向了高潮。游戏中幼儿巩固了对几何图形的认识。 第四"寻找身边的图形"将幼儿的图形感知活动与幼儿的实际生活相联系,让幼儿对圆形、正三角形、正方形有更深刻的认识。

(三)图形的认识教育活动拓展建议

(1)可以在手工区投入黏土、图画纸、小棍,让幼儿画图形、做图形;在阅读区投放图形卡片让幼儿指认图形。

(2)可以发动家长收集废旧物品和孩子一起玩亲子手工(图形拼贴画)。

(3)可以结合户外活动"建房子"让幼儿巩固认识图形。

第八章

乡村幼儿园艺术领域(音乐)教育活动组织与指导

学习目标

◎ 乡村幼儿音乐素养发展的关键经验。
◎ 乡村幼儿园音乐教育活动的组织指导策略。
◎ 乡村幼儿园音乐教育活动的设计与组织。

思维导图

乡村幼儿园艺术领域(音乐)教育活动组织
- 乡村幼儿音乐素养发展关键经验与教育策略
  - 乡村幼儿音乐素养发展的关键经验
  - 乡村幼儿园音乐教育活动的组织指导策略
- 乡村幼儿园音乐教育活动的设计与组织
  - 歌唱活动的设计与组织
  - 韵律活动设计与组织
  - 欣赏活动设计与组织

儿童教育家陈鹤琴指出:"音乐可以陶冶人的性格和情感,可以鼓舞人的进取精神,应该为幼儿创设良好的音乐环境,培养幼儿对音乐的兴趣,发展幼儿的音乐才能。"音乐可以直接促进幼儿情感、语言、想象力与创造力的发展。音乐总是点点滴滴地渗透到孩子们的心灵深处的,使人的情感更加敏感和丰富。音乐除了具有对幼儿多元智能发展的作用,还给孩子们带来快乐,这种"快乐"应该是他们一生中最美好的礼物了!

乡村幼儿园的音乐教育由于受到硬件和软件的限制,一直处于薄弱的状态。为促进乡村幼儿身心的全面发展,必须认真研究乡村幼儿园音乐教育的现状,充分利用现有资源合理开设幼儿园音乐教育课程,努力使乡村幼儿能够回归学习音乐的本真,体验音乐带给人的快乐,在兴趣中感受和体验音乐。本章节将从歌唱、韵律、欣赏三个板块提供音乐教学的指导策略及相关案例,帮助一线教师了解音乐教学活动的基本流程,从模仿中反思、再到创造。提升乡村幼儿音乐素养的同时也找到一条乡村幼儿园音乐教育的有效途径。

第一节 乡村幼儿音乐素养发展关键经验与教育策略

一、乡村幼儿音乐素养发展的关键经验

幼儿音乐素养主要体现在对音乐的"感受与欣赏能力"及"表现与创造能力"[1]。幼儿园音乐素养具体通过歌唱活动、韵律活动、欣赏活动及打击乐活动来进行培养。本节从"歌唱""韵律""欣赏"三种类型的音乐活动来进行关键经验[2]的阐述。

(一)歌唱关键经验

(1)旋律关键经验:能结合旋律用自然的声音较为准确、流畅地演唱。

---

[1] 中华人民共和国教育部.3—6岁儿童学习与发展指南[M].北京:首都师范大学出版社,2012:58-61.
[2] 王秀萍.幼儿园音乐领域教育精要[M].北京:教育科学出版社,2015:88-89,141-142,272-273.

(2)节奏关键经验:准确把握节奏,能合拍子做动作。

(3)语言关键经验:能用语言描述歌曲内容、情绪及情感。

(二)韵律关键经验

(1)节奏关键经验:准确把握节奏,能合拍子做动作。

(2)动作关键经验:结合音乐内容,用符合音乐特点的、美的动作进行表现。

(3)情感关键经验:有表情地表现音乐的情感。

(三)欣赏关键经验

(1)倾听关键经验:能专注地倾听音乐,并感受音乐的高低、强弱、快慢及曲式。

(2)动作关键经验:能用自己喜欢的动作表现自己对音乐的理解。

(3)语言关键经验:能用语言描述歌曲内容、情绪及情感。

二、乡村幼儿园音乐教育活动的组织指导策略

音乐活动强调在活动中突出音乐性、趣味性、创造性等特性,本节内容将从以下五个方面提供音乐教学活动的相关指导策略。

(一)目标制订科学化

针对乡村幼儿园音乐教育活动目标意识欠缺、目标范围过大两个问题,提出以下策略,科学地制订目标。

1. 目标意识

一般来说,音乐活动教育目标要结合"音乐知识技能""音乐情感"和"态度与价值观"来进行制订。小中班一般两个目标,大班不超过三个目标,但是要涵盖以上三个方面来进行制订,不可"厚此薄彼"。以本章节"乡村幼儿园音乐教育存在问题"里小班歌唱活动"大象"的目标为例进行目标的调整,因是小班的歌唱活动,目标可以制订为两条:"目标一,感受歌曲优美的情绪,学唱歌曲《大象》;目标二,体验和同伴边唱歌曲边'嬉水'的乐趣"。既符合小班幼儿年龄特点,又涵盖了"音乐知识技能""音乐情感"和"态度与价值观"。

2. 目标范围过大

针对这一问题我们要聚焦活动重点解决的问题进行目标的制订,将其具体化。

比如:"培养幼儿的音乐综合能力"可以修订为"尝试结合音乐用轻快和沉重的步伐模仿小白兔和大黑熊的动作"。

(二)内容选择适龄、生活、多元化

音乐活动的内容选择[①]尤其重要,我们的选材既要结合经典又要符合幼儿的兴趣和实际。选材上尽量生活化且符合幼儿年龄特点,还要考虑其多元化。比如小班选择《小乌龟》,中班选择《梦》,大班选择《戏说脸谱》等,这些音乐难度适中且贴近幼儿生活,在设计和教学中更易激发幼儿的学习兴趣。部分流行或当地的音乐也可以多采用,但要进行适当的改编,使其适用于3—6岁幼儿的学习特点。

此外针对歌曲、韵律、欣赏和打击乐内容选择上的问题提出相应的建议:歌曲选择应凸显时代性且多元化,比如民族类作品及戏曲类作品;韵律内容选择要考虑其风格及形式,比如集体舞、歌表演的韵律教学内容;欣赏类活动除乐曲类,可以多选择歌曲类、戏曲类、舞蹈类、乐器类等欣赏内容;打击乐活动可以采用节奏类的教学内容来进行补充,比如身体节奏活动,生活及自然物节奏活动等。

(三)语言音乐化

当我们看到一个音乐活动"不对劲"的时候,通常会说该活动"缺乏音乐性",改变这种问题的策略便是将"语言音乐化"。能用唱代替的时候我们不用说,只能说的时候我们有节奏地说。比如歌唱活动"捏面人",在引导幼儿进行创编时,我们可以将引导语"我们可以捏一个乌龟干什么呢？请你创编一个词"转变为"我们可以<u>捏 一个乌龟 × × ×</u>",用旋律或节奏代表语言,便是"语言音乐化"。

(四)图谱简略化

图谱的使用在音乐活动中较为常见,可以应用在歌唱活动、欣赏活动、韵律活动和打击乐活动中。图谱的设计在必须吻合音乐内容、情绪及结构的基础上要把握住一个要点,即"图谱简略化",尽量不用具体的画面表示音乐的内容、节奏或结构,多使用符号进行标识。比如:使用"点、圈、线"等简洁的符号,既避免复杂画面对幼儿视觉的吸引,同时更符合幼儿的学习特点,便于幼儿理解和记忆。

(五)活动设计趣味化

活动设计得有趣,能让幼儿更加乐于并主动地参与音乐活动。教师要善于发现

---

① 许卓娅.歌唱活动(第2版)[M].南京:南京师范大学出版社,2015:42,99,263.

和分析音乐作品中的"亮点",将其作为素材进行教学设计,可结合故事、猜谜、对歌、游戏等形式让活动趣味化,引导幼儿在快乐中主动学习音乐。

(六)技能学习规范化

技能是音乐学习的基础,我们重视情感体验的同时也不能忽略音乐技能学习的重要性。幼儿技能学习的前提是教师应掌握规范的教学方法。比如:幼儿歌唱的音区范围;幼儿科学练声的方法;幼儿感受和欣赏音乐的方式;幼儿表现和创造的途径等等。

第二节 乡村幼儿园音乐教育活动的设计与组织

音乐领域集中教育活动主要包括歌唱、韵律、音乐欣赏、打击乐、音乐游戏五种类型的活动。本章节将从歌唱、韵律、音乐欣赏这三个方面举如下案例。

一、歌唱活动的设计与组织

歌唱活动的设计与组织一般包括歌曲新授、歌曲创编两种类型。

根据童声的发展阶段来看可分为[1]:稚声期、童声期和变声期,从能说比较完整的语言的幼儿时期开始至五六岁之间(相当于幼儿园小、中、大班)均属于稚声期。此阶段儿童声音细小、口腔开度不大、舌部不够灵活、语言速度较缓慢、肺活量小,只能唱句子短小、音域很窄的歌,而且音调只有六至八度,音色稚嫩清脆,但音准不稳定。

---

[1] 杨鸿年.童声合唱训练学[M].北京:人民音乐出版社,2002:1—6.

(一)歌唱活动的设计与组织要求

1.活动内容

活动内容的选择要考虑不同年龄段幼儿音乐学习的特点和方式。如歌唱活动素材选择,小班选择2—4个乐句,中班选择4—6个乐句,大班选择6—8个乐句为宜。乡村幼儿园鼓励尽可能地使用本土及当地民族民间歌曲作为素材,优秀的幼儿民间艺术[①]是中华民族文化中的瑰宝。它的审美形式丰富多彩,文化内涵深厚丰富,是中国非物质文化遗产的重要组成部分,具有审美、教育、认识、娱乐等多方面的功能。特别注意的是不可单一地选择时下流行的音乐,要考虑其音乐内容是否符合幼儿学习的特点。通常来说,需进行一定的改编方可使用。

2.活动目标

包括歌曲风格、歌唱技能及情感体验等,以中班歌唱活动"买菜"为例:

买 菜

湖北民歌

（简谱略）

今天的天气真呀真正好,我和奶奶去呀去买菜。鸡蛋圆溜溜呀,青菜绿油油呀,母鸡咯咯叫呀,鱼儿水里游呀,萝卜黄瓜西红柿,蚕豆毛豆小豌豆,哎呀哎哎呀呀装也装不下。哎!

(1)感受歌曲欢快的音乐风格,体验音乐中"买菜"的乐趣。

(2)初步学唱歌曲《买菜》,尝试改编歌曲中蔬菜及水果的名称。

---

① 赵玉兰,蔺江莉,张赤华等.走进民间艺术世界[M].南京:南京师范大学出版社,2005:1.

3.活动准备

（1）经验准备：幼儿有与歌曲相关的经验。

（2）物质准备：结合歌曲准备伴奏音乐，教师能够熟练演唱歌曲，图谱，头饰，PPT等。

4.活动过程及延伸

嗓音活动—导入—感受歌曲—理解歌词—学唱歌曲—歌曲表现与创编—活动延伸。

（二）歌唱活动设计案例与评析

大班音乐活动：歌唱活动——"我怎么这么好看"

活动设计		活动评析
设计意图	《3—6岁儿童学习与发展指南》艺术领域"表现与创造"中指出："5—6能用律动或简单的舞蹈动作表现自己的情绪或自然界的情境"。5—6岁的幼儿不再是简单地体会作品中的形象带给他们的快乐，而是能看懂其中的主题或情节进行创造性的表演。歌曲《我怎么这么好看》节奏欢快，旋律朗朗上口，是一首让幼儿一听就很开心，很愿意进行表现的歌曲，非常适合用来设计大班的创造性音乐活动。整个活动循序渐进、层层深入，从学唱歌曲到创编动作，逐步引导幼儿进入到创造性音乐活动的学习中，体验创造性音乐活动的乐趣。	《我怎么这么好看》改变自流行歌曲，为了符合幼儿的学习特点和方式，将其改为4句有旋律歌曲和4句式念白歌词的歌曲。结合《指南》表现与创造目标中的5—6岁幼儿"能用律动或简单的舞蹈动作表现自己的情绪或自然界的情景"而进行目标的制订及活动的设计。
活动目标	1.学唱歌曲《我怎么这么好看》，能结合歌曲念白部分的歌词内容进行创造性的表演。 2.愿意参与创编活动，体验创造性音乐活动的乐趣。	知识技能目标：学唱歌曲，表现创造性。 情感态度目标：愿意参与，并体验到乐趣。
活动准备	歌谱、音乐、图片。	伴奏可以自己弹奏，也可以使用音频。

续表

	活动设计	活动评析
活动过程	一、嗓音活动 设计PPT动画与幼儿玩游戏。画笔在大屏上划过,当出现画面,幼儿就说"哇"。动画出现在上空,声音就高高的;动画出现在下面,声音就低低的。 二、导入 教师出示画笔图片或者实物,提问导入。 师:看看这是什么?(画笔) 师:这是一支神奇的画笔,它能画出什么呢?(出示"彩虹、雨滴、花儿、大树"的图片或是PPT),自然导入歌曲《我怎么这么好看》。 我要画出彩虹挂在天边, 我要画出雨滴滴在水面, 我要画出花儿开在大地, 我要画出大树立在山间。 我怎么这么好看! 三、学唱歌曲 1.倾听歌曲前半部分第一遍 师:听了这首歌你的心情怎样? 师:我画了些什么?(彩虹、雨滴、花儿、大树) 2.倾听歌曲前半部分第二遍 师:你最喜欢里面的哪一句? 师:我要画出××……(省略号部分引导幼儿有节奏的接唱) 师:我们一起来学一学这句(按照幼儿的随机回答分句自然练唱)。 3.幼儿完整跟唱 (1)回忆歌词顺序完整跟唱。 师:我这支神奇的画笔先画了什么呢? (2)验证顺序完整跟唱。 师:顺序对了吗?我们一起来完整跟唱一遍。 (3)强调重难点再次完整跟唱。 师:强调节奏和有表情地演唱。 4.倾听歌曲后半段 (1)教师带幼儿边听边拍打节奏。 师:你们听到了什么?(奇怪的声音……)你想到了什么?(好玩儿、快乐……)	"嗓音活动部分",可以在活动前完成。如设计在活动中须与歌曲相关,自然过渡到导入。 本环节教师可以直接画出,也可以找类似的图片创设用画笔画出的效果。导入方式灵活,也可以教师直接示范唱歌导入。 倾听歌曲的方式一般有完整倾听和分段倾听。因本首歌曲结构较为复杂,前半段是歌词,后半段是念白和节奏,可分段倾听更利于幼儿理解和记忆,但教师要注意两个部分的自然衔接。 幼儿的学唱是在"跟唱"的基础上完成的。一般来说幼儿反复倾听歌曲7—9遍便可以自然学会一首歌曲,但教师要设计不同的环节引导孩子主动地、快乐地进行跟唱,每一遍的倾听或跟唱都要带着不同的问题进行,直至幼儿学会歌曲。

活动设计	活动评析
四、表现与创造 1.表现歌曲后半段 (1)引导幼儿用不同的动作表现彩虹、雨滴、花儿和大树。 师：这是一首既好听又好玩儿的歌曲,歌词里面唱了彩虹、雨滴、花儿、大树,现在我们就用动作把它们表现出来,它们可以用什么动作表现呢? (2)教师交待规则,强调重难点。 师：当听到"我怎么这么好看"的时候,就变出××,跟着我的节奏,听到声音就变动做。 (3)完整表现后半部分。 2.师幼共同进行歌曲的表演唱1—2遍	动作的表现帮助幼儿记忆歌词,同时也增添歌曲学习的趣味性。但在设计上老师要把握一个关键点,不可要求孩子"像",而是要求孩子"不一样",从而提升幼儿的审美能力、想象力及创造力。

活动过程

(三)歌唱活动拓展建议

本次活动设计,呈现了歌唱教学活动的基本流程:嗓音活动—导入—学唱歌曲—表现及创造。作为歌唱活动,本次活动还可以进行第二课时的拓展。

拓展一:创编歌词。

幼儿可以按照句式"我要画出什么做什么",从仿编再到自由创编,进一步拓展幼儿的创造能力。比如:

我要变出老师转个圆圈,

我要变出女孩住进城堡,

我要变出男孩坐上飞船,

我要变出星球围着我转,

我怎么这么好看!(加动作)

拓展二:打击乐活动,如铃鼓+圆舞板。

我要	变出	老师	转个	圆圈	服啦	服啦

拓展三:节奏活动,如拍手+跺脚。

| 我要 | 变出 | 老师 | 转个 | 圆圈 | 服啦 | 服啦 |

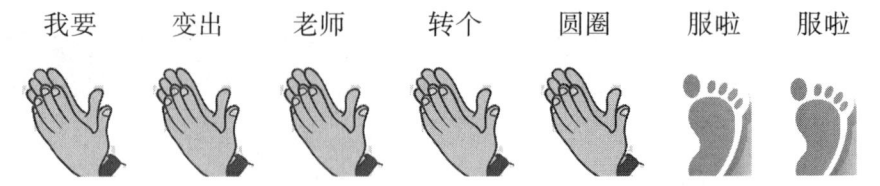

以上拓展都体现了趣味性和创造性,可引导幼儿自己结合兴趣进行设计。

歌唱活动的设计与组织请注意:歌唱活动的选材上要把握好孩子的兴趣和年龄特点,歌曲内容便于幼儿理解和记忆,音域一般在c^1 c^2(d^1-a^1),音调跨度不宜超过八度。结构工整,歌词有趣,作品充满趣味性并赋予幼儿想象与创造的空间。

二、韵律活动设计与组织

韵律活动设计与组织一般包括歌曲表演、律动、集体舞、音乐故事表演等。

(一)韵律活动设计与组织要求

1.活动内容

韵律活动的内容可以结合"音乐、动作、内容"三个方面来进行选择而确定[①]。音乐方面,选择适合3—6岁幼儿开展韵律活动的纯音乐或歌曲,节奏鲜明、旋律简单,中外音乐均可。小班偏向中国风格音乐,中班可以多选择一些民族民间风格音乐,大班可选择具有明显地域、民族及异国风格的音乐,带有反复结构的音乐更便于教师进行教学设计。动作方面,分为"一般生活动作""律动模仿动作"和"舞蹈动作",可从"拍手、跺脚、点头、摆动、划圈、平举、上举、曲肘、绕腕、颤膝、踮脚、点踏或民族特定舞步"等动作进行选择;内容方面可以围绕"象征意义"将其分为"运动性动作""秩序性动作""表达性动作"和"表现性动作",除了象征性的意义,还可以结合"单圈舞、双圈舞、双人舞"等素材进行内容的选择。

2.活动目标

包括音乐感受、基本动作、合作配合等。以中班韵律活动"小企鹅溜冰"为例:

(1)感受优美流畅的音乐风格,初步学习"屈膝滑步"的舞蹈动作。

(2)知道控制步伐"滑冰",不影响他人活动。

3.活动准备

(1)经验准备:幼儿有韵律音乐、动作或队形排练相关的经验。

---

① 许卓娅.韵律活动(第2版)[M].南京:南京师范大学出版社,2016:3-7.

（2）物质准备：音乐、教师能够熟练哼唱音乐、图谱、头饰、PPT等。

4. 活动过程及延伸

导入—感受音乐—了解音乐结构—学习动作—韵律表现与创编—活动延伸。

（二）韵律活动设计案例与评析

大班音乐活动：韵律活动——"木偶人舞会"

	活动设计	活动评价
设计意图	《3—6岁儿童学习与发展指南》中指出：艺术活动的组织要为幼儿"尊重幼儿自发的表现和创造，并给予适当的指导"。"木偶人舞会"向幼儿展现了一个美丽的童话：夜晚，老时钟上的木偶人在快乐地跳舞，魔法师也闻声赶来，用魔法棒和木偶人一起玩起了游戏，当魔法消失后，一切又恢复了平静。活动在故事的引入及舞蹈动作的学习环节都有较强的趣味性，强调幼儿的表现与创造行为，利用"木偶小人"及"磁性圆片"引导幼儿自主模仿、设计并表现木偶人跳舞的动作，让幼儿在充满想象的童话意境中体验趣味韵律活动带来的乐趣。	"木偶人舞会"的设计来自生活中幼儿接触到的木偶人游戏，和他们看过的木偶剧。对于"木偶人"特殊的肢体动作，幼儿表现出浓厚的兴趣，结合幼儿兴趣和学习特点，设计了四肢和头部可以活动的"木偶小人"以及"磁性圆片"。让幼儿在讨论、摆弄中去设计动作，从而体验到表现与创造的成就感。
活动目标	1. 熟悉音乐，掌握木偶人干净利落的动作要领。 2. 乐意参与小组分工与合作，积极表现自己设计的动作。	知识技能目标：设计创造队形与动作。 情感态度目标：乐意参与分工与合作。
活动准备	音乐、木偶小人、磁性圆片、磁性黑板、魔法棒。	木偶人及圆片均为磁性，便于幼儿设计摆弄，准备5套。
活动过程	一、欣赏音乐 我们一起来听一首音乐，可以尝试着用自己的方式边听边打节奏（点头、拍手、摆动身子均可）。 听完这音乐，你觉得音乐里讲了一个什么故事？ 二、导入 1. 引入故事 看看魔法师带了什么？（出示小木偶人，摆放于黑板上）木偶人做了什么动作？谁来学一学？	"欣赏部分"，让幼儿对音乐有完整的印象，在肢体动作的辅助下初步感受音乐的节奏。

续表

活动设计	活动评价
活动过程：在一个木偶剧场里，发生一件神奇的事情（音乐第二遍），天黑了，剧场里面的观众都散了，来了一位魔法师…… 2.欣赏舞蹈 教师边讲故事边结合音乐做动作。 师：发生了什么事？你们愿不愿意加入到木偶人舞会中来？ 三、设计动作 1.听音乐，了解结构段落。 2.幼儿分小组设计动作。（一个小组完成2个木偶动作的设计） 四、完整表现 1.幼儿分组表现动作。 2.幼儿完整表现。 3.师幼合作表现。 4.幼儿尝试扮演魔法师，老师参与表现。 每一遍的表现教师要做出评价并提出要求，比如：我看到×××小朋友是一个开心的小木偶（表情）；我看到×××小朋友扮演木偶的时候动作特别像，有力而且干净（动作）。	韵律活动的导入方式通常有三种——"音乐导入""动作导入""情境导入"。本活动采用了故事情境导入的方式，增添了音乐的人物性和趣味性。 教师配合音乐进行木偶人舞蹈的表演，让幼儿对木偶人的动作和音乐节奏有所熟悉，为下一步的设计与创作做好铺垫。 将幼儿分组进行动作设计的排练，把学习的主动性给孩子，教师参与到其中和孩子们一起练习并鼓励，激发幼儿的创作自信和愿望。

（三）韵律活动拓展建议

本次活动的设计，呈现了韵律教学活动的基本流程：欣赏—导入—基本动作的学习—表现及创造。作为韵律活动，本次活动还可以从以下三个方面进行拓展。

拓展一："情境创编"，可引导幼儿结合生活经验进行情境的设计。比如幼儿可先把活动想象为"化装舞会""蔬果舞会""海洋舞会"等，根据不同场景设计出不同的角色，以此充分挖掘幼儿的创造愿望。

拓展二："动作创编"，除了舞蹈的顿点节奏，还可以结合所设计的情境。比如邀请舞，让孩子两两结对，加入"邀请""结伴""谢幕"的情节，让孩子学习并掌握"点头""弯腰""屈膝""摇手臂"等舞蹈动作。

拓展三："队形创编"，在动作设计的基础上将活动拓展到"队形创编"，提供队形参考图和磁性圆片，教师引导幼儿根据人数摆弄圆片并设计队形。可以在人数上进行调整，从6人到8人或10人的小组，分别设计圆圈舞动作，引导幼儿前、后、左、右不同方位地进行舞蹈动作表演。教师还可以将左右幼儿集中在一起编排双圈舞的队形，按照男女生的不同变换队形。以6人一组设计队可形参考图示如下：

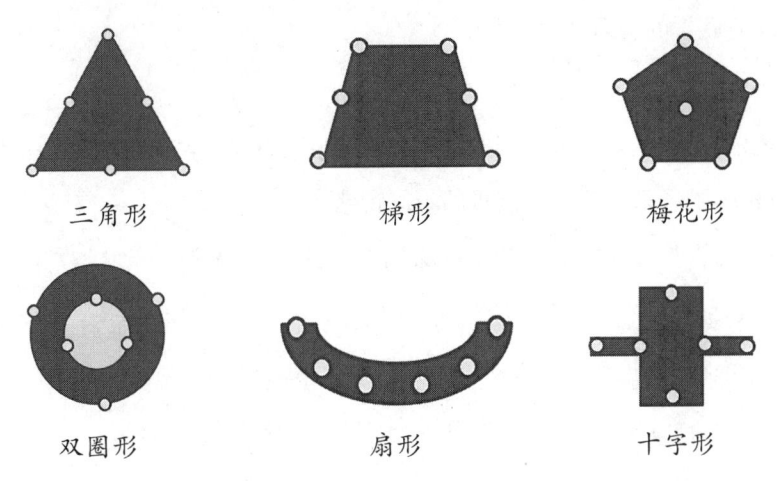

三角形　　　　　　梯形　　　　　　梅花形

双圈形　　　　　　扇形　　　　　　十字形

拓展上要体现韵律活动的趣味性和创造性，引导幼儿主动对"情境""动作"及"队形"进行设计和创造。

在韵律活动的设计与组织中需注意：韵律活动一般包括歌曲表演、律动、集体舞、音乐故事表演等形式。在教学过程中，我们常常听到老师提出"律动"和"集体舞"有什么区别。在此对这两类韵律活动的形式进行如下基本意义的界定。

律动关注音乐本身，比如速度、旋律、力度及情绪等，结合身体动作进行表现，帮助幼儿进一步理解音乐，培养幼儿的音乐素养，其教学难度较低，目的易达成。集体舞关注舞蹈的动作，音乐是舞蹈表现的手段，强调舞蹈中的动作规范、队形的变化、肢体情感的处理等，引导幼儿在合作、表现及创造中提升艺术气质，掌握舞蹈动作的基本技巧，难度较高，更加考验教师的综合素养。

三、欣赏活动设计与组织

欣赏活动设计与组织一般包括歌曲（交响乐、戏曲）欣赏和舞蹈欣赏等。

（一）欣赏活动设计与组织要求

1.活动内容

欣赏活动的内容可以结合"欣赏性、适用性"两个方面来进行选择。欣赏性方面，选材时要考虑内容是否有欣赏的价值，是否能引起幼儿的审美愉悦，是否能感受到音乐的美好，是否能提升幼儿的审美能力和音乐素养。适用性方面要选择结构较工整、风格特点突出、时长适中的音乐内容。欣赏价值高但结构复杂或时长过长的音乐需要经过改编[①]，使之更接近儿童能接受的水平，可通过删减、压缩、剪辑等方式重新拼接成适合幼儿欣赏的音乐片段。

2.活动目标

包括音乐感受、音乐表现和创造等。以小班欣赏活动"小白兔和大黑熊"为例。

(1)对比感受音乐中轻快与沉重的不同情绪。

(2)用自己喜欢的动作配合音乐表现"小白兔"和"大灰熊"。

3.活动准备

(1)经验准备：幼儿有与欣赏活动中角色或故事内容相关的经验。

(2)物质准备：音乐、教师能够熟练哼唱音乐、图谱、头饰、PPT等。

4.活动过程及延伸

导入—完整感受音乐—配乐讲故事，理解音乐内容、情绪—结合图谱了解音乐结构—分段欣赏音乐—表现与创编—活动延伸。

(二)欣赏活动活动设计案例评析

大班音乐活动：欣赏活动——"鼹鼠的一家"

活动设计	活动评价
设计意图：《3—6岁儿童学习与发展指南》艺术领域"感受与欣赏"目标2指出：5—6岁幼儿在进行"艺术欣赏时常常用表情、动作、语言等方式表达自己的理解"。《第5号匈牙利舞曲》是德国古典音乐家勃拉姆斯最广为人知的乐曲，乐曲节奏活跃、旋律时而激昂、时而缠绵，忽快忽慢的音乐情绪表现了匈牙利吉普赛即兴性音乐的特点，具有较高的艺术欣赏价值。音乐原曲由A+B+C+A+B+C+D构成，曲式较为复杂，将音乐中欢快激昂的第一主题和柔和抒情的第二主题进行剪辑整合为新的音乐片段。同时结合主题"温暖的家"，以故事《鼹鼠的一家》为主线，引导幼儿感受音乐情绪，了解音乐片段A+B+C的曲式结构，并能用身体动作表现音乐的内容，提升幼儿对交响乐曲的审美素养。	音乐欣赏的素材选择一定要具有较强的欣赏性，最好是选取世界名曲用于设计音乐欣赏活动。"鼹鼠的一家"的活动素材选自《第5号匈牙利舞曲》，因原曲结构较为复杂，但全曲反复重复了主旋律部分，为了更适用于幼儿进行欣赏，教师可节选原曲中具有代表性的三个段落，以故事为载体进行音乐欣赏，符合幼儿的兴趣和欣赏特点。

[①] 许卓娅.欣赏活动(第2版)[M].南京：南京师范大学出版社，2016：2-6.

续表

	活动设计	活动评价
活动目标	1.感受欢快激昂、柔和抒情的音乐情绪,初步了解A+B+C的音乐结构。 2.愿意用身体动作表现音乐内容,体验音乐欣赏的乐趣。	知识技能目标:了解音乐结构,感受并用身体动作表现音乐情绪。 情感态度目标:体验音乐欣赏的乐趣。
活动准备	音乐、课件、图谱、方巾、坚果、果篮	坚果可以用一些树叶、松果作为替代物。 对乐曲进行节选和剪辑,使之符合幼儿的欣赏能力。
活动过程	一、完整欣赏音乐 1.倾听完整的音乐,感受音乐情绪。(完整听第一遍) 提问:今天,老师给你们带来了一首好听的乐曲,我们一起来听一听,听完以后告诉我有什么感受?想到了什么? 2.教师结合乐曲讲故事,幼儿理解音乐内容。(完整听第二遍) 师:有什么感受?想到了什么? 3.幼儿看图谱完整倾听乐曲,了解A+B+C的音乐结构。(完整听第三遍) 师:我这里准备了图谱,请你们和我一起听着音乐看一看,画一画。听以后告诉我,这首乐曲有几段?每一段都讲了什么?伸出手指…… 4.幼儿倾听完整的乐曲,用简单的肢体动作表现乐曲内容。(完整听第四遍) 师:让我们一起听着乐曲,用自己喜欢的动作表现乐曲的内容。 二、分段欣赏并表现音乐 1.倾听A段音乐,表现鼹鼠走路、过桥和钻洞。 倾听B段音乐,表现鼹鼠跳舞。 2.倾听C段音乐,表现鼹鼠肚子饿,找食物。 提问:小鼹鼠是怎么走路的?怎么钻山洞?怎么过小桥?怎么跳舞?肚子饿了是什么样子? 三、完整表现音乐 教师:我的小鼹鼠们,跟着妈妈一起去找食物吧! 1.教师扮演鼹鼠妈妈,完整表现音乐。 2.幼儿扮演鼹鼠妈妈,完整表现音乐。 师:谁想扮演鼹鼠妈妈?我们来试一试。鼹鼠妈妈是怎么说的?(播放片段)。闭上眼睛,森林里面现在出现了食物,让我们听着音乐去找找吧。	"完整欣赏":一般音乐欣赏活动都会让幼儿先进行完整的欣赏,使其对整个作品有一个完整的印象,但也可以结合作品本身以及作品的特殊性先分段再完整。本次活动是由完整故事直接引入,所以比较适合先进行完整的欣赏。 每一次的欣赏都要引导幼儿带着不同的目的去欣赏,比如:感受音乐、理解音乐、了解结构等。 "分段欣赏":分段欣赏要求老师结合音乐的节奏或是旋律的突出部分进行设计。引导幼儿通过语言及肢体动作表现音乐的结构和情绪,帮助幼儿进一步理解音乐。达到"深度欣赏"的目的。 《鼹鼠的一家》故事

(三)欣赏活动拓展建议

通常情况下欣赏活动可以按照"完整欣赏(讲故事、出示图谱)—分段欣赏(解决重点及难点部分)—表现创造(肢体动作)"的模式进行设计。当然,也可以根据音乐的特殊性,设计闯关、猜想的环节,从而调整为"分段欣赏—分段表现创造—完整欣赏—完整表现创造"的模式。

本次活动还可以做以下拓展。

拓展一:"音乐故事表演",可引导幼儿结合生活经验进行故事的设计。比如"小矮人找宝贝""小兵奇遇记""企鹅溜冰"等,不同的故事能够设计不同的肢体表现并呈现出不同的艺术效果,从而提升幼儿的创造能力。

拓展二:"音乐诗",除了用肢体动作表现音乐,教师还可以让幼儿通过语言进行表现。比如老师可以带领幼儿倾听音乐,结合音乐的结构和节奏进行诗歌的创编,再进行音乐诗的朗诵。

拓展三:"图谱设计",教师引导幼儿分组设计、绘制图谱,结合音乐的结构,引导幼儿将听到的音乐用画笔描绘出来,从颜色去配对结构,用线条表现音乐的轮廓。初步形成幼儿欣赏后自己的创作作品,加深幼儿对音乐的感受与理解。

音乐欣赏活动的设计与组织中需注意:肢体动作、语言和绘画都是幼儿进行音乐欣赏的辅助手段。其目的是帮助幼儿去理解音乐结构及节奏,感受作品的美,切记为了追求独特而将其形式化。图谱的设计越简洁越有效,通过符号和颜色帮助幼儿加深对作品的理解,不可将其花哨、复杂化。

第九章

乡村幼儿园艺术领域(美术)教育活动组织与指导

学习目标

◎ 乡村幼儿美术素养发展的关键经验。
◎ 乡村幼儿园美术教育的组织指导策略。
◎ 乡村幼儿园美术教育活动的设计与组织。

思维导图

乡村幼儿园艺术领域(美术)教育活动组织
- 乡村幼儿美术素养发展关键经验与教育策略
  - 乡村幼儿美术素养发展的关键经验
  - 乡村幼儿园美术教育活动的组织指导策略
- 乡村幼儿园美术教育活动的设计与组织
  - 美术欣赏教育活动设计
  - 绘画教育活动设计
  - 手工教育活动设计

对于3—6岁的幼儿来说,美术是孩子们最直观也最乐于用来的表达情感与认知的方式之一。他们善于发现成人眼中被忽略的美好,而幼儿教师的任务就是要能够捕捉和肯定他们的发现,鼓励他们分享审美的感受。帮助他们大胆尝试表现美的不同形式,创造更多的可能!

本章节从幼儿美术欣赏、绘画以及美工三个维度阐述美术教育活动的核心经验以及指导策略,同时结合贴近自然和乡村生活的活动案例,打破绘画材料不足的局限让乡村幼儿美术"回归自然",充分走进自然、向自然学习、合理地运用大自然的馈赠帮助幼儿在欣赏、感受自然美的同时学习表现大自然的美。体会实践陈鹤琴先生"活教育"理论中所说以大自然、大社会为活教材,与实际紧密地结合。希望老师们能敏锐地从生活中捕捉美术教育素材,从而促进乡村幼儿美术素养的提高。

第一节
乡村幼儿美术素养发展关键经验与教育策略

一、乡村幼儿美术素养发展的关键经验[①]

(一)欣赏活动关键经验

(1)乐于参与美术欣赏活动,喜欢欣赏多种风格的美术作品和美的事物。

(2)尝试运用多种感官初步感知大自然、周围事物和美术作品的造型、色彩和构图等的特征,并产生相应的情感与想象。

(3)用自己的语言与别人交流和评价审美对象。

---

① 孔起英.幼儿园美术领域教育精要:关键经验与活动指导[M].北京:教育科学出版社,2015:33.

(二)绘画活动关键经验

(1)初步学习用造型、色彩、构图等美术语言大胆地进行表现,培养创造的意识。

(2)体验绘画活动的乐趣,能积极投入绘画活动。

(3)初步尝试不同绘画工具和材料的用法,有创造性使用工具的意识,形成良好的绘画习惯。

(三)手工活动关键经验

(1)大胆塑造和制作多种平面的、立体的手工作品,美化周围环境和进行游戏活动。

(2)体验手工活动的乐趣,能积极投入手工活动。

(3)初步尝试不同手工工具和材料的基本使用方法,有创造性使用工具的意识,形成良好的手工活动习惯。

二、乡村幼儿园美术教育活动的组织指导策略

(一)目标制订策略

1.深入分析,经验明确,定位准确

根据幼儿的年龄特点,从情感态度、认知和能力三个方面深入分析所选内容。在活动目标的制订过程中,教师自己要明确地知道幼儿在活动中可以获得的情感态度、认知经验和能力提升的具体目标。做到这些的前提是教师熟知美术领域中每个年龄段幼儿需要掌握的关键经验,还要充分了解幼儿的已有经验。

2.一个中心,两个点

以关键经验为中心从情感态度、知识技能两个点确定目标:①感受美,理解美;(感受翩翩起舞、色彩斑斓的美丽蝴蝶,体验其造型美)②表现美和创造美。(学习用对称的造型和色彩以自己喜欢的方式装饰、绘画蝴蝶)这两条目标都是围绕着绘画的关键经验。(感受蝴蝶的美以及蝴蝶造型、色彩、构图等美术语言并大胆地进行表现)

(二)选择内容的策略

1.就地取材

"作为农村独特而美好的乡土文化,我们必须把它很好地传承下去,并且在社会中不断地交流,不断创新。美术教育,它不但具有培养农村孩子继承本民族乡土艺术文化精髓和独特风格的能力,也具有培养他们为这些乡土文化艺术不断注入新元素的能力,从而对文化的发展做出自己的贡献。"[①]

美术欣赏目标应着眼于大自然和乡村孩子的生活周遭,充分地引导幼儿发现身边的美。尽量就地取材运用现有的自然、人文资源,结合乡土文化开展美育活动。充分挖掘美术欣赏活动资源,为幼儿欣赏提供多元的、不同风格的美术作品。如:自然风景、自然现象、动物、人物、建筑以及人文素材等,着眼于乡土文化传承与发展。

2.多向选材

在选择教学内容时教师的着眼点可以是多向的,如幼儿的兴趣点、幼儿的需要、教师的兴趣点以及打动教师自己的好素材等都可以成为被选择的内容。如:选择幼儿感兴趣的动漫引导幼儿感受其中点、线、面以及色彩和构图等绘画表现方式,幼儿印象会特别深刻。教师自己被某个自然景观打动时,把它作为教学内容分享给幼儿共同欣赏,也许幼儿又会带给你更多的不同于你的美好感受。

(三)环境创设与利用的策略

1.灵活替代

结合乡村现有资源,从绘画工具和材料上挖掘本土资源。充分利用本土资源,在幼儿对常规工具基本掌握并形成良好的绘画习惯的情况下,鼓励幼儿不拘一格、就地取材去大胆尝试不同绘画工具和材料的用法,从绘画工具的使用上鼓励幼儿大胆创新。教师在鼓励幼儿进行艺术创造时的主要任务,就是提供丰富和多样化的材料以及时间和空间让儿童去探索他们。[②]材料如下。

画板:泥地、沙地、水泥地、瓷砖、木板、瓦……

画笔:砖头、石头、小树枝、粉笔……

[①] 佚名.浅谈农村美术教育的现状及对策[EB/OL].(2021-04-21)[2022-04-25]. https://wenku.baidu.com/view/4da73166e618964bcf84b9d528ea81c758f52e21.html.

[②] 爱波斯坦.有准备的教师——为幼儿学校选择最佳策略[M].李敏谊,张晨晖,郑艳,等,译.北京:教育科学出版社,2012:173.

颜料：蔬菜、瓜果、泥土……中提取色彩作为流质颜料。

画"纸"：植物的叶子、砖、瓦、石头、泥地、沙地……[①]

2. 走出去，请进来

"走出去"就是充分利用周围的自然环境，根据幼儿的兴趣有计划、有目的地带幼儿外出观察、感受欣赏、写生等。珍惜幼儿的直接经验，鼓励他们积极大胆地表达所见所闻。"请进来"就是充分挖掘本土教育资源。如：邀请一些当地擅长刺绣、木雕、石雕、陶艺、织染等工艺的民间艺人到学校展示他们的艺术作品以及分享创作的乐趣、感悟等。相信在这样多元的教育环境熏陶下，乡村幼儿对美术活动的兴趣会更加浓厚、美术素养也将获得全方位提升。

(四)组织活动的方法策略

1. 关联欣赏

在欣赏大自然的同时结合与之相应的名画、名作进行欣赏。如：欣赏树林时除了实地欣赏美景，还可以在延伸的欣赏活动中欣赏和森林、植物题材有关的名画；欣赏动物除欣赏实物或实物图片，也可以欣赏与动物有关的名画。以此类推，这样可以让幼儿充分感受同一种实物、实景的不同表现手法。

2. 丰富内容、灵活形式的范例启发

因为"范画"使用不当，很长一段时间里美术活动中"范画"成了禁忌之词，如果正确使用不但可以开阔幼儿视野，还可以激发幼儿想象力和创造力。合理使用"范画"的目的是让幼儿有丰富的欣赏感受体验，启发幼儿，不是让幼儿被动地接受欣赏对象让他们觉得"范画"的表现是唯一，而是通过内容丰富、形式灵活的"范画"让孩子看到、想到更多的可能性，同时解决孩子们一些技能上的问题。

3. 开放式的启发

以开放式的问题、示范、回应等方式激发幼儿主动的审美感知、审美想象和审美情感。如：多使用"你看到了什么？""你感到了什么？""你想到了什么？""你觉得他在做什么？""你最喜欢哪幅画？为什么？""也许会这样！""有可能""我觉得"……切忌指着一条小鱼问"这是一条小鱼吗？"或指着一朵漂亮的花问"这朵花漂亮吗？"忽略追问"为什么漂亮？"……这类封闭性的问题，只会让幼儿被动地回答"是"或"不是"，长此

[①] 爱波斯坦,特里米斯.我是儿童艺术家——学前儿童视觉艺术的发展[M].冯婉桢等,译.北京：教育科学出版社,2012：154.

以往孩子的活跃思维就会被禁锢,渐渐失去积极的思维能力和丰富的想象力。提问后,尽量让孩子们自己讨论、自己说,不要讲太多,干涉太多,要善于倾听与总结,帮助幼儿提升经验。①

(五)评价幼儿作品策略

1.用心倾听

"幼儿不仅喜欢看艺术作品,而且喜欢与他人分享自己的观察体验。"因此,在美术活动评价中教师要尽量避免主观的"一言堂""一种审美标准""一把尺子",鼓励幼儿用自己的语言大胆地与别人交流和评价美术作品。同时尊重欣赏过程中幼儿的主观感受,激发幼儿产生相应的情感与想象。尝试给幼儿活动提供一段不受评价的时期,使其自由想象不受阻碍。

2.肯定个性化的表达

儿童画是儿童自己在生活中通过观察、体验、思考后表现的感受的创作作品,对于他们的创造表现,教师和家长应给予理解和尊重,不应站在成人的角度,用成人的眼光和尺度去衡量儿童的作品。常听人说儿童所画的东西不合比例,不像实物,这只能说明我们一些家长和教师对孩子不了解,还看不懂他们的画。②当孩子有不同的感受和看法时,老师不要急于用自己的感知去给孩子"正确答案",要善于倾听孩子的想法,允许幼儿有不一样的感受和看法,充分尊重、信任幼儿,学会聆听和肯定幼儿的审美感知、审美想象和审美情感。

(六)多途径教育策略

1.经验迁移

鼓励幼儿放眼生活,将掌握的美术经验运用到生活中。如:欣赏了大自然里各式各样的花纹后,引导幼儿把这些花纹用到其他装饰中;欣赏了年画后就可以鼓励幼儿过年时用年画的风格和特色的物品,布置教室和自己的家;等等。鼓励幼儿在生活中、游戏中充分运用自己的美术素养。

2.多元化引导

幼儿的美术创作可以是纯艺术创作,如单纯的表达小作者的感受、想法,或者单

---

① 顾菁.在美国幼儿园上美术课[M].上海:华东师范大学出版社,2014:14.
② 杨景芝.中国当代儿童绘画解析与教程[M].北京:科学普及出版社,1996:9.

纯的表达所见所闻等。也可以是实用美术创作,如:用绘画、美工等方式装点生活、服务生活。在美术欣赏活动中,有的情感表达可以用不同形式的绘画、美工,也可以是音乐、文学等方式的表达。在音乐领域、语言领域、数学领域,在游戏中、生活中等都可以运用美术语言进行表达。

第二节 乡村幼儿园美术教育活动的设计与组织

美术领域集中教育活动主要包括美术欣赏、绘画、手工三大类型活动,根据内容、形式和材料等还有更多的细致分类。本章节将结合乡村幼儿美术教育的特点从美术欣赏、绘画、手工三个方面列举如下案例。

一、美术欣赏教育活动设计

美术欣赏教育有利于促进儿童良好艺术素养的形成。[1]幼儿美术欣赏教学活动是教师引导幼儿欣赏和感受美术作品、自然景物和周围环境中的美好事物,了解对称、均衡、变化等形式美的初步概念,感受造型、色彩、构图等艺术手法及其情感表现,体验美术欣赏的快乐,从而丰富审美经验,培养审美情感和审美评价能力的教育活动。[2]幼儿美术欣赏内容主要包括欣赏对象的类型和欣赏知识与技能两个方面。欣赏对象的类型:绘画作品可以选取幼儿感兴趣的人物、动物、植物画;连环画以及具有本土特色的年画、宣传画包括幼儿感兴趣的绘本、插图;雕塑可以选取具有当地的民间特色的作品,如木雕、石雕;还可以是当地民间工艺如陶艺、织染,民间剪纸、民间玩具等;建筑艺术可以选取本土一些著名的纪念性建筑、宗教建筑、住宅建筑、桥梁建筑

---

[1] 屠美如.儿童美术欣赏教育研究[M].北京:教育科学出版社,2001:28.
[2] 徐慧,张颖.幼儿园综合艺术活动指导[M].北京:北京师范大学出版社,2015:28.

等;还有同龄幼儿的有趣的美术作品;日月星城、花鸟树木鱼虫等自然环境以及幼儿生活的室内外环境;这些都可以成为美术欣赏活动的内容。还可以按欣赏对象的形式、主题、背景等分类。[①]

(一)设计与组织要求

1. 活动内容

活动内容要根据不同年龄幼儿的学习特点、兴趣点等并充分结合本土教育资源进行选择。

2. 活动目标

包括欣赏与感受、表现与创造,以及欣赏对象的造型、色彩、构图等艺术形式;作品主题分析;对作品的联想与表达以及情感体验等。

3. 活动准备

(1)经验准备:教师对欣赏对象的理解,包括审美感知和情感体验等;幼儿与欣赏对象相关的经验。

(2)物质准备:欣赏对象的参观点、图片、PPT、视频、音乐等。

4. 活动过程及延伸

导入—欣赏与感受—表现与创造—作品分享与评价—经验拓展—活动延伸。与绘画和手工活动不同,欣赏与感受部分是美术欣赏活动的重点环节,也是用时最多的环节。在这一环节教师要激发幼儿用自己的语言或舞蹈等方式表达自己的感知、想象和情感体验,一般用时15—20分钟。同样与绘画和手工活动不同,在美术欣赏活动中表现与创造环节形式可以与美术有关也可以无关,孩子们可以选择自己的方式如歌唱、舞蹈、文学创作等迁移自己的审美经验。如果时间不允许,这个部分可以放到延伸活动中或用第二个课时完成。在欣赏活动中展示、分享并不只在最后环节,它贯穿于整个活动。

[①] 孔起英.幼儿园美术领域教育精要——关键经验与活动指导[M].北京:教育科学出版社,2015:39-40.

(二)美术欣赏活动设计案例与分析

大班美术活动:美术欣赏——"爱美的神灯"

	活动设计	活动评析
设计意图	《3—6岁儿童学习与发展指南》艺术领域"喜欢欣赏多种多样的艺术形式和作品"中指出:"5—6岁幼儿愿意和别人分享、交流自己喜爱的艺术作品和美感体验。""生活中并不缺少美,而是缺少发现美的眼睛",鲜活的大自然是幼儿取之不尽的绘画创作的源泉和启发孩子绘画想象的催化剂。 我班幼儿已具有一定欣赏和表达的能力,但从美术思维和语言即用形状、线条、色彩等多种角度大胆表达所见、所感的审美经验不足。 本次欣赏活动以大自然为欣赏对象,以"爱美的神灯"寻美之旅的手绘画为线索。从四个部分出发:大草原、树林、海洋以及花园,引导幼儿欣赏各种动、植物的形状、色彩与花纹和表达其在生活中的运用。通过大胆地尝试运用各种色彩与花纹与同伴合作装饰,从而激发幼儿对大自然的审美情趣以及创造性地运用大自然的色彩和花纹装饰的兴趣。	美术欣赏活动——爱美的神灯根据《指南》中大班幼儿欣赏活动的要求;结合大班幼儿的学习特点和感兴趣的手绘本故事《爱美的神灯》。通过神灯之旅引导幼儿欣赏感受自然景物中神奇的造型、色彩和构图,在激发大班幼儿审美情趣的同时丰富他们欣赏的知识与技能。
活动目标	1.欣赏大自然中丰富多彩的形状、色彩与花纹,大胆地表达自己的感受,激发对大自然的审美情趣。 2.尝试用各种色彩和花纹与同伴合作装饰"神灯"。	1.情感、态度目标:大胆欣赏感知,激发审美情趣,体会乐趣。 2.知识、技能目标:感受大自然中的形状、色彩与花纹等艺术形式并进行创作。
活动准备	1.知识经验准备:丰富对常见动、植物的认知; 2.物质材料准备:PPT课件、水粉颜料、水粉笔及花朵图样的白色卡纸;展示幼儿作品的白描神灯(或花园背景画)等。(水粉画具可用水彩笔、打印纸替代)	1.知识经验准备有助于幼儿欣赏时更好地观察与表达,以促进目标1的达成。 2.物质材料准备中PPT设计是本次欣赏活动的核心准备,对两个目标的达成都很重要。其他物质准备则是目标2达成的必备物品。

续表

	活动设计	活动评析
活动过程	一、导入部分：故事导入 "爱美的神灯"要带着大家旅行，引入活动。 (1)师：今天我带来了一个可爱的朋友，看，它是…… (教师出示神灯图片) 幼：神灯。 (2)师：这是一个爱美的神灯，它最喜欢用大自然里美丽的花纹来装扮自己，现在就让我们和神灯一起到大自然中旅行吧! 二、欣赏、感受部分 (1)欣赏"非洲草原之旅"动物的花纹。 ①它们是什么动物？ ②它们身上的花纹是什么样的？ 小结：这些动物身上有棕色块状花纹、棕底黑点斑纹、棕底黑色条纹和黑白相间的条纹，它们把神灯变成了美丽的草原神灯。神灯继续旅行。 ③它把大草原的衣裳送给了谁？ (2)欣赏"树林之旅"叶子的形状及色彩。 ①师：跟着小叶片来到了树林里。在树林里会看到什么样的叶子？ ②师：你最喜欢哪片叶子的颜色？ ③师：有没有你认识的叶片，说说它们的形状。 ④师：这些树叶有扇形、掌形、水滴形、伞形和针形，还有很多很多独特的形状，它们把神灯变成了美丽的树林神灯。神灯继续旅行，它把树林的衣裳送给了…… (3)欣赏"海洋之旅"部分生物的花纹。 ①这是什么？ ②它们身上的花纹是什么样的？ 师：跟着小鱼，神灯会到哪里呢？ 师：在大海里会遇到哪些漂亮的生物？ ③师：就让我们一起到大海旅行吧，请边看边旁边的小朋友一起说说，你看到了什么美丽的花纹？(幼儿讨论) 师：谁来说说你最喜欢的花纹。 师：这些美丽的花纹有彩色条纹，条纹的宽窄搭配都不一样，还有彩色点状花纹，它们点状的大小、形状搭配也不一样。它们把神灯变成了美丽的……	一、活动导入 采用故事导入。带悬念的故事情境很具代入感，符合幼儿的特点。 "爱装扮"的神灯的角色特点设计，为经验迁移奠定基础。 二、欣赏感受部分 以"爱美的神灯"寻美之旅的手绘故事为线索，从四个部分出发：大草原、树林、海洋以及花园。依次引导幼儿先通过欣赏和表达感受各种色彩和花纹等美术元素的迁移运用。欣赏、感受环节都由发现、观察、欣赏表达和小结四个部分组成。四个部分都有2—3个关键性提问，每一个部分的重点提问都是"它们身上的花纹是什么样的？"充分地引导孩子们用自己的认知经验来描述各种自己喜欢的形状、颜色搭配、花纹。森林欣赏部分的重点提问紧紧围绕叶子的形状和颜色。如果幼儿能主动发现更具丰富变化的叶脉的花纹这一美术元素，教师一定要积极地肯定。 海洋欣赏部分老师的提问侧重点在引导幼儿色彩搭配和与其他花纹的类比这两个美术元素上。关于花纹的类比，有的幼儿发现在大海里小鱼身上也有着和斑马一样的"黑白相间的条纹"，知识经验的快速迁移和类比能力都属于良好的学习品质，老师需要及时地肯定。

续表

活动设计	活动评析
幼:海洋神灯。 师:美丽的海洋神灯继续旅行,它把衣裳送给了小花。 (4)欣赏"花园之旅"。 欣赏花朵的色彩及形状。 师:来看看美丽的花朵都有哪些漂亮的颜色和形状? 师:美丽的花朵有很多鲜艳的颜色和不同形状,比如像太阳形状的向日葵、像喇叭一样的牵牛花、像串铃一样的风信子。 三、表现与创作部分(幼儿创作,教师指导) ①师:这一次,神灯要请小朋友帮助它,用今天看到的漂亮花纹画一朵特别的花来装扮神灯,送它一件最美的衣裳。请小朋友们坐到桌子旁边,老师为你们准备了各色的颜料及各种形状的花朵。和你们的伙伴一起给神灯装扮上漂亮的衣裳吧! ②幼儿集体装扮花园神灯。 四、欣赏及评价 (1)幼儿互评 ①"老师要请一位小朋友告诉大家,你最喜欢哪一朵小花?为什么?" ②"那你的作品在哪里?向大家介绍一下你的小花都用了哪些漂亮的花纹?" (2)教师评价 师:"老师也有很多发现。" 师:"老师喜欢的花朵是……因为……" 师:"神灯的衣裳不仅有花朵的形状,还有之前旅行中见到的很多花纹,比如:黑白相间的斑马纹……" 师:"有一位小朋友在海洋旅行时在一条小鱼身上发现一个很独特的花纹,观察得非常仔细。而且很快学会了这个花纹的画法,还把这个花纹送给了他的小花。我们请他来说一说他是怎么画的?" 师:"还有一位小朋友,在大家都急打扮'花园神灯'时,她一直专注、安静地装扮着自己的小花,非常棒!" 五、经验拓展 生活中人们是怎样运用大自然的色彩和花纹来表现美和创造美的。	在欣赏海洋之旅的活动中,老师采用了让幼儿小组讨论的观察分享形式,有效地避免了每一环节都采用单一的互动形式,更好地调动了幼儿参与的积极性。 花园部分的欣赏重点是形状和色彩,同时运用事先准备好的丰富的花朵图样的白色卡纸引导幼儿用自己欣赏的花纹进行装饰。这一环节主要是达成第二条活动目标。 幼儿表现、创作部分,老师将花园图片欣赏部分设计成带背景音乐的滚动播放模式,并设定好时间。这样能在情境中有效调整幼儿表达创作的时间。 三、评价部分 分为幼儿评价和教师评价两个部分。幼儿评价部分又分为自评和互评。

(活动过程)

续表

活动设计	活动评析
①成人世界里的运用。 "其实大自然中美丽的花纹也在装扮着我们的生活，让我们一起来看看吧！" 师：在围巾、手套、手提包、帽子……上面都发现了谁的花纹？ ②小朋友的世界里的运用。 师：这是我们幼儿园里小朋友们在大自然里发现的美丽花纹，瞧，多美啊！ ③如果是你，你想用这些美丽的花纹装扮什么东西呢？会用怎样的花纹？ 六、活动延伸 师："大自然是一本美丽的书，只要我们像神灯一样用心发现，睁开眼睛就能看到美。神灯将继续旅行，它会去哪呢？谜底就在老师衣裳的花纹上，是什么？" 幼："小鸟"。 师："小鸟将带我们去天空发现美丽的花纹！"	在幼儿评价时老师都有追问"为什么？"意在提高幼儿分享和聆听的有效性，让幼儿通过活动所形成的新的知识经验得以巩固和拓展。 教师的评价针对大胆运用构图或是突出的学习品质、行为习惯等展开评价。意在提炼新的知识经验和引导孩子们关注好的学习品质和行为习惯。 经验拓展部分的重点是引导幼儿运用、拓展装饰经验，更有效地打开幼儿对大自然观察和欣赏的视角。 这部分开放性的问题使幼儿很乐意分享，老师给孩子充分的时间，有助于孩子新知识经验的运用与创作。

(活动过程)

(三)美术欣赏活动拓展建议

本次美术欣赏教学设计的主要目的是引导幼儿体会大自然中的审美情趣。本次活动设计，呈现了欣赏教学活动的基本流程：故事导入—欣赏感受—经验拓展—表现及创造。作为欣赏活动，本次活动还可以进行第二课时的拓展。

拓展一："天空之旅"（集中教育活动）。

幼儿可以继续寻找、发现天空中美丽的造型、色彩和花纹，这些大自然的美术语言隐藏在变幻莫测的日月星辰、云卷云舒及飞翔在天空的鸟儿之中，等待孩子们的发现。

拓展二：(阅读区)。

引导幼儿在大师的名作里找喜欢的形状和花纹。如卢梭、米罗等大师的作品。

拓展三：(日常生活中)。

也可以鼓励孩子们继续寻找身边的树林里、花丛里以及小动物身上等的花纹，开展"花纹大搜集"的游戏活动,在美工区进行展示。

拓展四:"寻找生活中的美"(集中教育活动)。

(1)刺绣欣赏《美丽的鞋垫》《我家的绣花鞋》……

(2)建筑欣赏《村里最美(特别)的房子》……

(3)服饰欣赏(少数民族地区尤为适用)……

幼儿合作作品:

二、绘画教育活动设计

幼儿绘画教学活动是指教师引导幼儿学习简单的绘画工具和材料的使用的方法,运用线条、形状、色彩、构图等造型要素及变化、平衡、强调等绘画语言,创造出可视的平面形象,表达幼儿审美感受的教育过程。[1]绘画活动根据材料可分为水彩画、水粉画、水墨画,根据工具可分为印画、版画、吹画等;其中又包含线条、形状、明暗、色彩、构图等绘画语言,以及人物、动物、植物等绘画题材。[2]

(一)设计与组织要求

1.活动内容

绘画活动内容可以结合绘画工具、绘画语言以及题材并根据幼儿的学习特点和兴趣点选取。小班幼儿大多还处于涂鸦期,对精细动作完成有限,因此对点线面的表达受限,可以通过"玩色游戏""点、线游戏"让他们感知各种绘画材料的区别;中、大班

---

[1] 徐慧,张颖.幼儿园综合艺术活动指导(第2版)[M].北京:北京师范大学出版社,2015:23.
[2] 孔起英.幼儿园美术领域教育精要[M]北京:教育科学出版社,2015:41-42.

可以根据幼儿兴趣进行由粗到细、由简到繁的不同的绘画题材一些绘画语言的学习。

2.活动目标

包括对绘画对象的欣赏感受、绘画工具的掌握、绘画语言的表达与创造以及概括绘画对象的特征表现等。

3.活动准备

(1)经验准备:教师、幼儿与绘画相关的经验。

(2)物质准备:结合绘画题材所需的绘画工具、实物、图片、PPT、音乐等。

4.活动过程及延伸

导入—欣赏与感受—表现与创造—作品分享与评价。在绘画活动中欣赏与感受环节的时间一般是5—8分钟。虽然分享与评价环节一般只有5—8分钟但却是幼儿经验提升、整合以及教师和幼儿反思的必不可少的关键环节。

(二)绘画活动设计案例与评析

中班美术活动:绘画活动——"有太阳的天空"

活动设计	活动评价
设计意图	《指南》中指出,4—5岁幼儿在欣赏美的事物时,关注其色彩、形态等特征,有相应的联想和情绪反应并能用多种美术方式表现自己的所见所想。在幼儿固有的认识中一般情况下天空是蓝色,太阳是红色。然而,只要我们用心观察会发现太阳有许多种颜色,因为阳光在天空中也会有许多变幻莫测的美丽的色彩。同样的太阳在同一个孩子眼中也会因为心情等主观因素而变得不同。中班的孩子较小班孩子对油画棒的使用,特别是对力度的控制要好很多,本次水油分离不需要细腻的笔触,只需要刷出大块的天空的色彩。对于中班幼儿来说是熟悉水粉这类流质颜料和水粉笔类软笔的较好时机,中班幼儿具有水粉平涂的基础可以初步尝试过渡色的表现手法。活动通过让幼儿欣赏太阳与天空的美景,观察感受不同的太阳与天空,引导幼儿学习水油分离的方法大胆表现自己喜欢的太阳和天空。	引用《指南》部分针对中班幼儿绘画活动的目标要求。 幼儿学情分析从幼儿的认知特点、对绘画工具的掌握程度两方面进行分析。 所选题材从绘画材料到表现对象都很适合乡村幼儿园中班的孩子。

续表

	活动设计	活动评价
活动目标	1.欣赏太阳与天空的美景,观察感受不同的太阳与天空。 2.用水油分离的画法,尝试用2—3种过渡色表现自己心目中有太阳的天空。	认知、情感目标。 技能目标。
活动准备	1.知识经验准备 有水粉平涂、油画棒等使用的经验。 2.物质材料准备 油画棒、水粉纸、水粉笔、画纸、PPT(有太阳的天空摄影作品、幼儿装扮太阳的绘画作品)	这是基于中班幼儿的知识经验准备所提出,是幼儿创作时所需的技能基础。 PPT是引导感受、欣赏大自然表现不一样天空的关键,而太阳画作是从情绪感受上引导幼儿体会和表现不一样的太阳。
活动过程	1.导入部分 采用谜语导入的方式。 ①老师说谜面,"孩子们老师今天给你们带来一个有趣的谜语,仔细听:'一个球,圆溜溜,相貌常变,白天人人见,夜里看不见。'猜一猜它是什么?" ②鼓励幼儿大胆猜想,并说出理由。 2.欣赏、感受部分 欣赏:有太阳的天空 ①"谁来告诉老师,太阳是什么颜色的? 天空又是什么颜色的?" ②有的人说天空是这样的……太阳是这样的……。 ③欣赏有太阳的天空摄影作品,请幼儿分享自己喜欢的太阳与天空。 ④欣赏小朋友们装扮的太阳,请幼儿分享自己喜欢的作品。 ⑤小结。原来太阳和天空有这样多变化,如果小朋友们精心打扮的太阳和绚丽多彩的天空在一起就是一场美丽的天空盛宴,让我们一起来看看吧! 3.教师故事——"范画"水油分离画"有太阳的天空" (1)边讲述边进行示范,"当太阳是(开心、难过、春天的太阳、夏天的太阳……)时,天空是……色的"; (2)示范留白,引导激发幼儿大胆想象。	以太阳的谜语导入。第一,猜谜游戏符合幼儿特点;第二,通过猜谜充分调动、整合幼儿已有的关于太阳的经验;第三,为接下来幼儿感受、想象不一样的太阳奠定基础。 这一提问有两层含义:1.进一步了解幼儿认知现状;2.通过幼儿的不同回答与PPT欣赏,引导幼儿发现同在一片天空下每个人对天空的观察和喜爱是不一样的。 这个部分教师不止一次地示范(示范2—3幅),从满到空,逐渐留白,从而激发幼儿的想象力。

续表

	活动设计	活动评价
活动过程	4.幼儿表现、创作 "孩子们,用我们刚刚学到的本领,来试着画出你心目中最可爱的太阳和最美的天空吧!" (1)介绍材料及操作要领; (2)幼儿分组创作,教师个别指导。 5.作品分享、评价 (1)展示欣赏作品。 (2)幼儿互评。 "谁来介绍一下自己的作品?除了你的作品你还喜欢哪一幅作品?为什么?" "下面请这幅作品的小作者来介绍一下自己的作品,除了你的作品你还喜欢哪一幅作品?为什么?" (3)教师评价。 "现在老师来说一说我喜欢的画作还有最会使用工具和最会合作的小作者都是谁。"(教师可以从想象力、构图、色彩以及工具的使用、学习习惯等加以评价小结) (4)教师小结,收拾整理,活动结束。	这部分教师主要突破过渡色的技能要领,让幼儿体验过渡色与平涂不一样的表达方式和效果。 评价部分:幼儿评价和教师评价两个部分。幼儿评价部分又分为自评和互评。在幼儿评价时老师都有追问"为什么?"意在提高幼儿分享和聆听的有效性,让幼儿通过活动所形成的新的知识经验得以巩固和拓展。 教师的评价针对大胆运用、构图或是突出的学习品质、行为习惯等展开评价。意在提炼新知识经验和引导孩子们关注好的学习品质和行为习惯。

(三)绘画活动拓展建议

绘画教学活动设计主要目的是引导幼儿学习观察和体会大自然的美妙变幻。本次活动设计呈现了绘画教学活动的基本流程:谜语导入—欣赏与感受—启发式示范—表现及创造—分享与评价。

拓展一:"有月亮的天空"(集中教育活动或美工区)。

(1)幼儿可以继续寻找、发现天空中月亮和夜色的变化,进而运用水油分离的方法去表现。

(2)可以将"有月亮的天空"设计成为主题绘画或剪贴画活动,幼儿通过观察月亮的变化激发大胆想象,有月亮的天空有可能发生的趣事。

拓展二:"果蔬里流出的彩虹"(科学区、美工区)。

(1)从植物中提取各色汁水制成简易流质颜料,同时引导幼儿把自制流质颜料用水油分离的方法处理后绘画。

(2)还可以运用自制流质颜料进行晕染、扎染等。

拓展三:"色彩大搜集"(美工区)。

鼓励幼儿去寻找不容易被发现的植物和土地,并从中提取颜色,大胆尝试收集并作画。

拓展四:

(1)绘画日记《我收集到的色彩》。(家园合作)

(2)过渡色绘画《彩虹里的故事》……(美工区)

(3)晕染、扎染《小手帕》(可用手帕纸替代)、《小袜子》……(集中教育活动或美工区)

(4)彩泥,给色浅的泥着色。(集中教育活动或美工区)

幼儿作品:

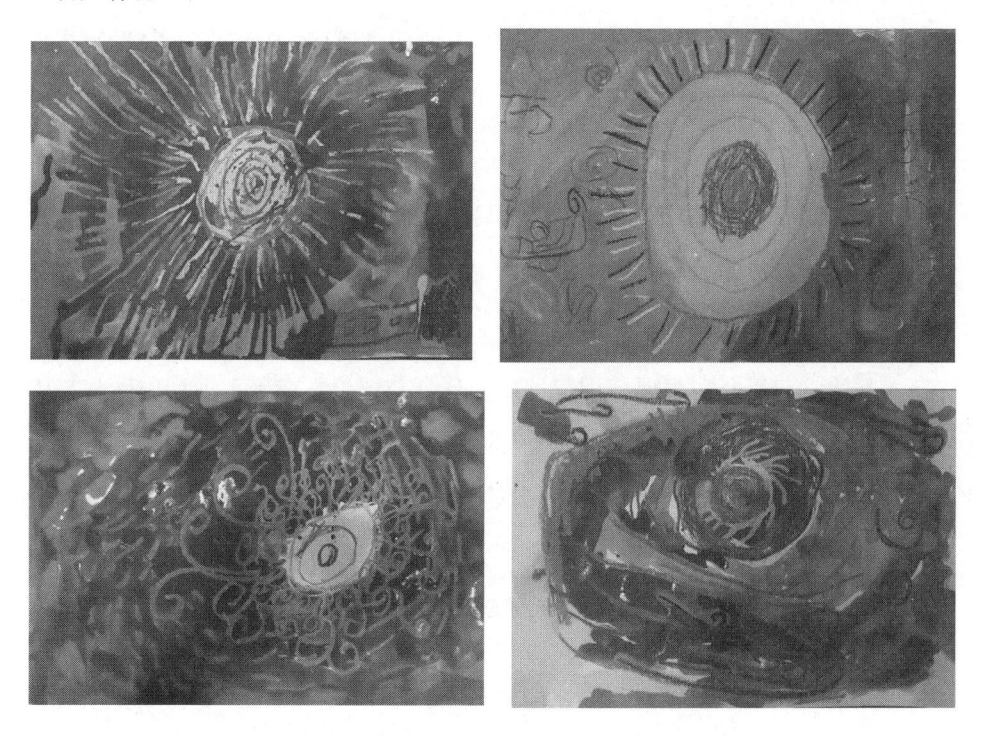

三、手工教育活动设计

手工教学活动是教师引导幼儿学习贴、撕、剪、折、塑等造型方法,使用各种工具和材料进行加工、改造,制作出不同形态的平面或立体的形象,培养幼儿审美创造和动手能力的一种教育活动。材料一般包括纸工、泥工和废旧物(自然材料)制作等;[①]

---

① 徐慧,张颖. 幼儿园综合艺术活动指导[M]. 北京:北京师范大学出版社,2015:26.

根据题材又分为玩具、游戏道具、节日装饰、日常布置以及贺卡等。[①]

(一)设计与组织要求

1.活动内容

与绘画和欣赏相比较手工活动属于更为实用的美术,内容一般比较容易贴近幼儿生活,因此也特别受幼儿的欢迎。根据小、中、大班幼儿特点从手工材料的基本用法入手,选材尽量贴近幼儿生活,从易到难地进行选择。如:材料的掌握,小班可以从单一材料、单一技能的掌握开始;中、大班可以逐步尝试多种技能、材料在一个作品中的综合运用。

2.活动目标

包括学习者对手工作品的欣赏感受,手工工具、材料的掌握,手工制作的基本技法及在各种手工题材中的运用能力。

3.活动准备

(1)经验准备:教师、幼儿与手工活动相关的知识、技能经验。

(2)物质准备:相关的手工工具及材料,以及实物、图片、PPT、音乐等。

4.活动过程及延伸

导入—欣赏与感受—表现与创造—作品分享与评价。在美工活动中欣赏与感受环节一般用5—8分钟,虽然分享与评价环节一般只有5—8分钟但却是幼儿经验提升、整合以及教师和幼儿反思的必不可少的关键环节。与欣赏活动和绘画活动相比,手工活动的作品很多时候都能在延伸活动中发挥它的实用价值,教师可以尽可能运用这一特质让幼儿从活动中有更大的成就感。

[①] 孔起英.幼儿园美术领域教育精要——关键经验与活动指导[M].北京:教育科学出版社,2015:42.

(二)手工活动设计案例评析

小班美术活动:泥工活动——"会变的圆圆"

活动设计	活动评价
设计意图 《指南》中指出,幼儿的艺术创造能力,是在大量游戏化的表现机会中发展起来的。幼儿园泥工活动深受孩子们的喜爱,因为在活动过程中蕴涵了从观察到思维,从认识到操作,从想象到创造的一系列的过程。小班幼儿美工的表现力明显优于绘画,在美工活动中孩子们更容易获得成就感。泥工需要较好的团圆技能,小班孩子在活动中常出现团不圆、有裂纹的情况,所以根据小班幼儿的年龄特征,从激发艺术兴趣、培养基本技能出发,让幼儿在圆的限联想中感受想象的乐趣,在游戏情境中反复学习拉、团、压的泥工技能,并大胆尝试混色团圆的技能,体验泥工活动的乐趣。	引用部分的关键词是"创造力"和"游戏化",这也是贯穿于整个幼儿美术活动中。根据小班幼儿团圆技能掌握现状,用小班幼儿喜欢的游戏方式和美工活动来反复巩固其需要达到的技能,就是本次活动的意图。
活动目标 1.在圆的联想中感受想象的乐趣,喜欢泥工活动。 2.学习拉、团、压的泥工技能,并大胆尝试混色团圆。	认知、情感目标。 技能目标。
活动准备 1.知识经验准备 活动前请幼儿发现并仔细观察生活中圆形的事物,有使用纸黏土和添画的经验。 2.物质材料准备 半成品范例三张、画有"圆圆公主"及空白"礼物盒"的作品展示的背景图、与幼儿人数相当的32开画纸、纸黏土、画笔。	这是基于小班幼儿所提出的知识经验准备,是幼儿创作时所需技能的基础。 半成品范例。前两张半成品范例由老师完成,其目的是启发幼儿充分地联想。在老师的示范下,由幼儿完成第三张半成品范例。这样的互动既启发了幼儿,又让幼儿在反复游戏中巩固技能。
活动过程 1.以游戏"猜一猜"引入活动,幼儿初步感知团圆 "老师今天带来一个神秘的朋友,仔细听!猜猜它是谁?" 2.圆的第一次联想 ①教师将事先做好的圆圆,藏于纸盒中,摇动发出声响,引导幼儿通过仔细听声音来推测,盒子里到底是什么? ②让幼儿大胆猜想,鼓励他们说出理由。	游戏导入部分。教师以"猜一猜"的游戏,引导幼儿运用听觉感受圆,再通过猜测激发幼儿对圆的第一次联想。

续表

活动设计	活动评价
③教师出示"会变的圆圆"。 "它的名字叫圆圆,像孙悟空一样它可以变成很多有趣的东西,让我们一起一起来看看圆圆是怎么变的?" 3.圆的第二次联想——会变的圆圆 整个联想活动将圆圆的变身魔咒(拉、团、压的音乐三字歌)贯穿其中。 拉一拉呀拉一拉, 用力揉呀用力揉, 轻轻团呀轻轻团, 压一压呀压一压, 圆圆圆圆出现啦! (1)太阳的联想(单色团圆) 教师随音乐边念边压扁团圆的圆圆,压在一张空白画纸上,然后提问:"你们觉得圆圆现在像什么?"幼儿猜测(苹果、樱桃、球……),教师给予及时地肯定"有可能哦!" 教师给圆圆添画,变成太阳。 "原来圆圆变成了……"(太阳) (2)花朵的联想(混色团圆) 教师随音乐边念边压扁圆圆,压在一张空白画纸上,然后提问:"你们觉得现在圆圆像什么?"幼儿猜测(糖果、气球、冰淇淋、花……),教师给与及时地肯定"有可能哦!" 教师给圆圆添画,变成花朵。 "原来圆圆变成了……"(花朵) (3)孩子们的圆圆的联想 "这回你希望圆圆变成什么?" 请一名幼儿根据自己的联想现场添画。 4.幼儿尝试创作 (1)"圆圆公主"的礼物 出示圆圆公主,"圆圆公主"喜欢各种各样圆圆的东西,今天她来我们班做客,我们每位小朋友送她一个特别的圆圆的礼物吧!" (2)幼儿创作圆圆的礼物	欣赏感受部分。也是引导幼儿对圆的第二次联想部分。用"猜一猜"的游戏从听觉转移到视觉与幼儿互动,加上朗朗上口的儿歌,将拉、团、压的泥工技能和联想添画的方法融入其中。 经验拓展部分。也是欣赏与感受和表现与创造的过渡环节,同时也是师幼互动最充分的环节,在这一环节教师可以根据幼儿互动时的表现来判断幼儿此时拉、团、压的泥工技能和对联想添画的方法的掌握情况,以便在幼儿创作环节开始之前及时给予幼儿引导。 表现与创造环节。在技能已基本掌握的情况下以"送小客人礼物"的情境再次激发幼儿联想添画的创作热情。

（活动过程）

续表

活动设计	活动评价
活动过程 5.作品展示、欣赏 (1)教师将幼儿作品展示在"礼物盒"里,幼儿欣赏。 (2)作品评价 ①幼儿自评、互评。 "谁来介绍一下自己的礼物？除了自己的礼物你还喜欢谁的礼物？为什么？" ②教师评价。 "我最觉得佳成小朋友的礼物最有趣,连老师都没想到他的圆圆可以变得这么有趣、特别；还有婷婷她大胆尝试混色团圆的方法,而且团得特别光滑、特别圆；小芊最棒的是坚持,虽然她比其他小朋友做得稍微慢了点,但她坚持认真地完成了自己的礼物。" 6.延伸活动 ①双圆的联想,教师出示黑色双圆引导幼儿展开联想。 ②寻找生活中更多的圆圆。 教师：“两个圆、三个圆、很多圆……变成许许多多有趣的东西,今天回家找一找家里有哪些圆形好玩的东西。它们都由几个圆组成？明天回来分享给大家,我们在美工区继续做圆圆的礼物送给公主！”	欣赏与评价环节。将作品以一种完整而有情节性的方式呈现,既便于幼儿欣赏也增添了创作的乐趣。 将幼儿的感受和评价放在前,是对幼儿观点和看法的支持与肯定。如果教师评价在前会从观点上制约很多幼儿的想法。 教师最后的讲评,是用来再次肯定幼儿的,并对幼儿没有看到或想到以及存在的不足予以补充。 延伸活动。也是经验的拓展,这样抛砖引玉的问题会让幼儿有目的地观察生活中方形的事物,同时会思考用泥塑怎样塑形,更或者会尝试用绘画添画、粘贴添画等方式进行新一轮的表现与创作。

(三)手工活动拓展建议

美工教学活动设计的主要目的是引导幼儿发现大自然美好的馈赠,如树枝、树叶、花草、石头、泥、沙等,发现它们的美并学习运用它们装点生活使生活更加丰富有趣。本次活动设计,呈现了美工教学活动的基本流程：游戏导入—欣赏感受—经验拓展—表现及创造—欣赏与评价—延伸活动。"会变的圆圆"以泥工团圆的基本技能为基础,激发孩子们对"圆"的无限想象力。

拓展一："会变的方方"……(美工区)

引导孩子们举一反三,对方形、三角形、菱形的泥团等进行大胆的联想创作,可以用绘画、粘贴添画等多种方式开展活动。

拓展二："泥版画"。

带领孩子们制作泥板,以阴刻或阳刻的方式造型后,着色尝试拓印。(集中教育活动、美工区)

拓展三:"主题泥塑"。

结合生活:"做早操""农场里"。(集中教育活动、美工区)。

结合节日:"年夜饭""风筝飞""香香的粽子"等。(集中教育活动、亲子活动)

范画参考:

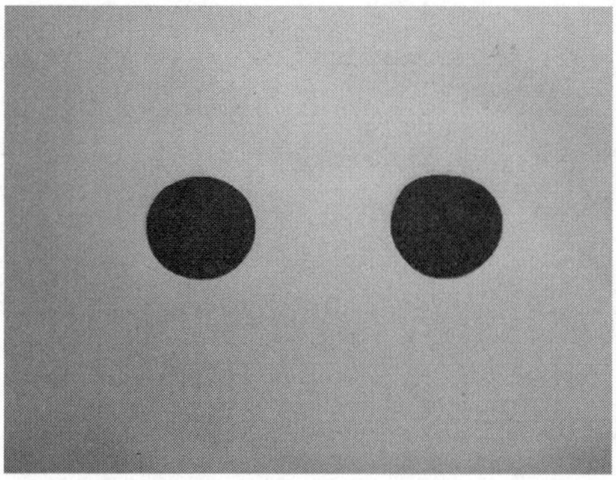
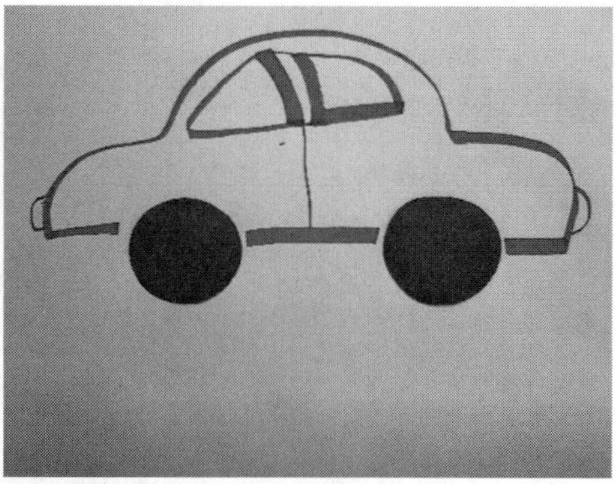
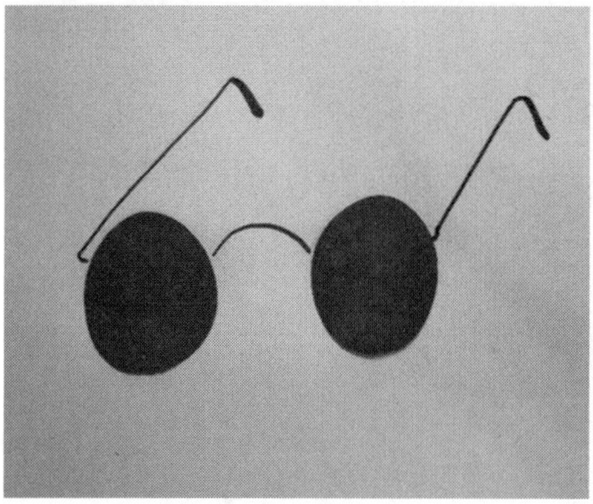
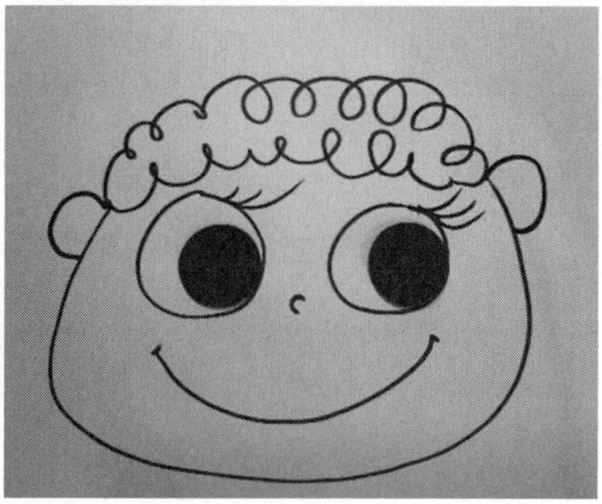

参考文献

[1] 中华人民共和国教育部.3—6岁儿童学习与发展指南[M].北京:首都师范大学出版社,2012.

[2] 中华人民共和国教育部.幼儿园教育指导纲要:试行[M].北京:北京师范大学出版社,2001.

[3] 蔡迎旗.学前教育概论[M].武汉:华中师范大学出版社,2006.

[4] 黄瑾.幼儿园教育活动设计与指导[M].上海:华东师范大学出版社,2007.

[5] 李季湄,冯晓霞.《3—6岁儿童学习发展指南》解读[M].北京:人民教育出版社,2013.

[6] 幸福新童年编写组.《3—6岁儿童学习与发展指南》解读[M].北京:旅游教育出版社,2012.

[7] 虞永平,王春燕.学前教育学[M].北京:高等教育出版社,2012.

[8] 牟映雪.学前教育学[M].北京:教育科学出版社,2012.

[9] 庞丽娟.教师与儿童发展[M].北京:北京师范大学出版,2001.

[10] 柳倩,周念丽,张晔.学前儿童健康学习与发展核心经验[M].南京:南京师范大学出版社,2016.

[11] 叶平枝.幼儿园健康领域教育精要——关键经验与活动指导[M].北京:教育科学出版社,2015.

[12] 丁琪,何峰.农村幼儿园课程与资源·健康[M].南京:南京师范大学出版社,2019.

[13] 高敬.幼儿园教育活动设计与实施[M].上海:上海交通大学出版社,2018.

[14] 崔红,何玲.农村青少年儿童身体健康状况分析[J].中国青年研究,2007(11):11-15.

[15] 马蔡倩.农村幼儿心理健康状况分析及对策研究[J].赢未来,2020(9):43,45.

[16] 张雅茹,张志.农村留守儿童心理健康问题与对策研究[J].经济研究导刊,2019(11):75-76.

[17] 邓雪姣.促进农村4—5岁学龄前儿童粗大动作发展的实验研究[D].天津:天津体育学院,2020.

[18] 张露萍,李勇,廖晴雯,等.农村儿童自我保护能力发展研究——以四川省100名儿童为例[J].价值工程,2015,34(1):302-303.

[19] 聂茂,厉雷,李华军.伤村:中国农村留守儿童忧思录[M].北京:人民日报出版社,2008.

[20] 张明红.学前儿童语言教育与活动指导[M].上海:华东师范大学出版社,2014.

[21] 余珍有.幼儿园语言领域教育精要——关键经验与活动指导[M].北京:教育科学出版社,2015.

[22] 周兢.学前儿童语言学习与发展核心经验[M].南京:南京师范大学出版社,2016.

[23] 王云.浅谈如何提高农村幼儿口语表达能力的创新研究[J].好家长,2019(29):1.

[24] 郭芙蓉,肖琦,陈伟.农村幼儿园教师专业发展的现状、影响因素与支持策略探究——以江苏省Y市为例[J].教育导刊(下半月),2020(5):58-63.

[25] 张洁.幼儿园语言教育活动存在的问题及有效教学策略浅探[J].学周刊,2019(23):177.

[26] 汤雅黎,邓李梅.幼儿园语言教育活动存在的问题及有效教学策略[J].湖北广播电视大学学报,2014,34(10):141-142.

[27] 李珊.幼儿园语言教育中的提问策略探讨[J].才智,2019(7):166-167.

[28] 苗霞.幼儿园集体语言教育活动中的常见问题及其解决策略[J].课程教育研究,2015(4):1-2.

[29] 陈旭.幼儿园语言教育活动存在的问题及有效教学策略[J].中华少年,

2017(24):240.

[30] 程晓磊.论幼儿园语言教育活动存在的问题及有效教学策略[J].明日,2019(11):190.

[31] 房佳宏.幼儿园语言教育活动存在的问题及有效教育策略[J].当代教研论丛,2020(4):135.

[32] 陶迎.探究幼儿园语言教育活动存在的问题及有效教学策略[J].人文之友,2020(4):294.

[33] 刘文喆.农村幼儿语言能力的培养研究[J].教育科学(引文版),2017(11):303.

[34] 张文新.儿童社会性发展[M].北京:北京师范大学出版社,1999.

[35] 杨丽珠,吴文菊.幼儿社会性发展与教育[M].大连:辽宁师范大学出版社,2000.

[36] 但菲.幼儿社会性发展与教育活动设计[M].北京:高等教育出版社,2008.

[37] 周梅林.学前儿童社会教育活动指导[M].上海:复旦大学出版社,2009.

[38] 李艳菊.情感教育在绘本中的作用[J].教师教育研究,2013.

[39] 徐莉玲.幼儿社会性教育的重要性及策略探析[J].课程教育研究,2014(11):29-30.

[40] 刘晶波.幼儿园社会领域教育精要——关键经验与活动指导[M].北京:教育科学出版社,2015.

[41] 曹中平.幼儿社会性发展与教育[M].湖南:湖南师范大学出版社,2001.

[42] 刘占兰.学前儿童科学教育[M].北京:北京师范大学出版社,2008.

[43] 张俊.幼儿园科学教育[M].北京:人民教育出版社,2004.

[44] 张俊.幼儿园科学领域教育精要——关键经验与活动指导[M].北京:教育科学出版社,2015.

[45] 施燕.学前儿童科学教育与活动指导[M].上海:华东师范大学出版社,2016.

[46] 汪旼昀.乡镇中心幼儿园科学课程实施现状研究——以福建省Y县为例[D].福建:福建师范大学,2020.

[47] 解云萍.B镇幼儿园科学领域园本课程开发现状研究[D].浙江:浙江师范大学,2013.

[48] 钱愿秋.农村幼儿园教师科学领域教学准备研究[D].重庆:西南大学,2013.

[49] 李槐青.当前幼儿园科学教育存在的问题及其解决策略[J].学前教育研究,2010(7):14.

[50] 黄瑾著.幼儿园数学教育与活动设计[M].北京:高等教育出版社,2010.

[51] 黄瑾,田方.学前儿童数学学习与发展核心经验[M].南京:南京师范大学出版社,2015.

[52] 林嘉绥,李丹玲.幼儿园数学教学法[M].北京:北京师范大学出版社,1990.

[53] 史月杰.幼儿园数学教育与活动指导[M].北京:北京师范大学出版社,2017.

[54] 周梅林.幼儿数学教育活动设计与指导[M].北京:中国劳动社会保障出版社,2014.

[55] 张俊.幼儿园数学领域教育精要——关键经验与活动指导[M].北京:教育科学出版社,2015.

[56] 刘果元.3—4岁儿童分类能力培养的实验研究[D].天津:天津师范大学,2001.

[57] 方富熹,方格.学前儿童分类能力的初步实验研究[J].心理学报,1986(2):157-165.

[58] 王文忠,方富熹.幼儿分类能力发展研究综述[J].心理学动态,2001(3):210-214.

[59] 杨宗义,刘中华,黄希庭.3—9岁儿童对几何图形分类的实验研究[J].西南师范学院学报(自然科学版),1983(2):44-54.

[60] 高荣生,付佑全.学前儿童分类能力发展特点的实验研究[J].四川师院学报(自然科学版),1984(3):69-79.

[61] 周欣.中班儿童数学认知的发展[J].幼儿教育(教育科学版),2008(5):43-45,51.

[62] 彭谦俊.城乡幼儿分类能力发展的对比研究[D].湖北:华中师范大学,2012.

[63] 黄瑾."测量"核心经验概说[J].幼儿教育:教育教学,2016(16):13-14.

[64] 黄瑾."集合与分类"核心经验概说[J].幼儿教育:教育教学,2016(Z1):21-23.

[65] 田方."数概念"核心经验概说[J].幼儿教育:教育教学,2016(25):11-13.

[66] 黄瑾."数运算"核心经验概说[J].幼儿教育:教育教学,2016(28):4-6.

[67] 黄瑾."图形"核心经验概说[J].幼儿教育:教育教学,2016(Z4):12-14.

[68] 黄越红.浅谈基于幼儿数学核心经验的趣味数学教学[J].安徽教育科研,2018(13):122-124.

[69] 邢莉莉,蔡迎旗.留守幼儿数学能力发展现状及分析[J].幼儿教育:教育教学,2009(7):84-86.

[70] 王廷琼,赵贵倩.农村3—6岁儿童平面图形认知发展实验研究[J].早期教育(教育科研),2019(3):32-36.

[71] 杜国军.农村幼儿数学教育现状与对策研究[J].甘肃教育,2014(19):94.

[72] 周欣.《指南》"数学认知"目标解读[J].幼儿教育:教育教学,2013(6):17-19.

[73] 张敏.乡土资源在幼儿混合班艺术教学活动中的应用研究[D].湖南:湖南师范大学,2014.

[74] 许卓娅.歌唱活动(第2版)[M].南京:南京师范大学出版社,2015.

[75] 许卓娅.韵律活动(第2版)[M].南京:南京师范大学出版社,2014.

[76] 许卓娅.欣赏活动(第2版)[M].南京:南京师范大学出版社,2016.

[77] 王秀萍.幼儿园音乐领域教育精要[M].北京:教育科学出版社,2015.

[78] 杨鸿年.童声合唱训练学[M].北京:人民音乐出版社,2002.

[79] 赵玉兰.走进民间艺术世界——幼儿民间艺术教育活动设计[M].南京:南京师范大学出版社,2005.

[80] 佚名.音乐课中的情感体验[EB/OL].[2021-09-09].https://wenku.baidu.com/view/b749f20300768e9951e79b89680203d8ce2f6ae5.html.

[81] 孔起英.幼儿园美术领域教育精要:关键经验与活动指导[M].北京:教育科学出版社,2015.

[82] 徐慧,张颖.幼儿园综合艺术活动指导[M].北京:北京师范大学出版社,2015.

[83] 庄新宇.农村幼儿园课程与资源·美术[M].南京:南京师范大学出版社,2019.

[84] 爱泼斯坦.有准备的教师——为幼儿学习选择最佳策略[M].李敏谊,张晨晖,郑艳,李雅静,等,译,北京:教育科学出版社,2012.

[85] 爱泼斯坦,特里米斯.我是儿童艺术家——学前儿童视觉艺术的发展[M].冯婉桢,等,译,北京:教育科学出版社,2012.

[86] 杨景芝.中国当代儿童绘画解析与教程[M].北京:科学普及出版社,1996.

[87] 屠美如.儿童美术欣赏教育研究:现代儿童审美艺术教究[M].北京:教育科学出版社,2001.

[88] 顾菁.在美国幼儿园上美术课[M].上海:华东师范大学出版社,2014.